続

座右のおふでさき

百首百話

【道友社編】

道友社

目次

続　座右のおふでさき　百首百話

＊筆者の肩書は『天理時報』掲載時のもので、本文末尾の日付は掲載号を表します。

よろつよのせかい一れつみはらせど
むねのハかりたものハないから

一号 1

異国の景色に親心感じ
布教への思い湧き上がる

小﨑《こざき》浩司《ひろし》
宇龍《うりゅう》分教会長

教会の御用の傍ら、遠くアフリカ・ケニアの地でも布教に歩くようになって、今年で十年を迎える。

二〇〇二年九月、現地のおたすけ先へ通っていたときのこと。その帰路、裏手にある山に登った。頂上にたどり着いて、ビクトリア湖を望む雄大な景色を眺めているとき、浮かんできたのが掲出のお歌である。

それと同時に「いま見ている素晴らしい光景も、をやの思いによって造られたもの。この地にも、なんとか道を付けさせていただきたい」との思いが沸々《ふつふつ》と湧《わ》き上がってきたことを覚えている。

そもそも、海外でおたすけに歩くようになったきっかけは、その年の二月、現地でボランティアをしている日本人信者を訪問したことにある。その際、貧困と病気に悩み苦しんでいる人々の姿を見て、なんとかおたすけさせてもらわなければと感じた。

以後、布教拠点の開設まで六年余り。先の日本人信者が粘り強くにをいがけ・おたすけに歩くなか、「教祖《おやさま》の膝元《ひざもと》でお道の教えを学びたい」と、天理教語学院に入学する人も現れた。

いまでは、そのうちの一人の青年が、現地拠点の長として布教活動にいそしんでくれている。彼は、冒頭のおたすけ先の方の息子でもある。世界中の子供たちに陽気ぐらしをさせてやりたいとのをやの思いを、一人でも多くの人に伝え、この道に導くことが、私たちようぼくに課せられた使命である。

そうした尊い使命を胸に、これからも海外布教に邁進《まいしん》したい。

（立教175年10月28日号）

みなそろてはやくつとめをするならバ
そばがいさめバ神もいさむる

一号　11

明るく勇んだ教会の姿
目指すなかに得た確信

山田貴美子《やまだきみこ》
萬盛《ばんせい》分教会前会長

私が現在の教会へ嫁いだのは、「新潟地震」のあった昭和三十九年のことだった。八人兄弟《きょうだい》姉妹の七番目として生まれ育った私は、母だけが信仰していたお道に引き寄せられ、おぢばの学校で、のちに三代会長となる亡き夫と出会った。

当時の教会は小さな建物で、何も知らずに嫁いできた私には、一つひとつが新鮮に映った。夫は優しく励ましながら導いてくれた。しかし、教会生活では喜べない日もあった。そんなときは「みかぐらうた」のお歌に励まされ、勇気を頂いた。

昭和五十三年、当時の真柱様《しんばしら》が教会に立ち寄られた。その折、色紙にお言葉を頂戴《ちょうだい》した。

「勇んでかかれば神がいさむ」。あたかも、当時の教会の様子を見抜き見通されたかと思うくらいの衝撃を受けた。

勇ませていただくには、おつとめしかない――。夫と二人で、毎日午後二時に十二下りのおつとめを勤め、明るくにぎやかな教会の姿を願った。続けるうちに、教会に出入りする人も増え、明るく勇んだ姿が少しずつ見えてきた。

教祖百年祭が勤められた翌年には、神殿普請という大きな喜びの節をお与えいただいた。教会につながるようぼく・信者も共に真実を寄せ、心を尽くしてくださった。新築なった神殿で、夫は「上段に上がっても、床がガタガタしない」と涙して喜んだ。

顧みれば、どんな苦労や不自由の中も誠真実を尽くし、喜び勇んで通れば、ご守護は後から必ずついてくると確信する。私の七人の兄弟姉妹も、のちに母の導きでようぼくとなり、今春、そろっておぢばへ帰ってくれた。さらに、六月のお運びで、会長職を長男に引き継がせていただいた。

今後も親神様・教祖にお喜びいただけるよう、勇み心でつとめたい。


（立教174年7月3日号）

みへてからといてかゝるハせかいなみ
みへんさきからといてをくそや

一号 18

幼いころ耳にしたお歌
いまも自身の道しるべに

三吉嘉充《みよしよしみつ》
日明《ひめい》分教会前会長

父と母は田舎から名古屋へ出て家を借り、布教に歩いた。大正十五年、いわゆる〝教勢倍加運動〟のさなかのことである。

教会名称の理をお許しいただき、迎えた会長就任奉告祭。集まった信者はわずか二人。両親は容易ならぬ道中も、八人の子供に恵まれ、ひたすら道一条に通った。

私は末っ子として生まれた。教務に走り回り、留守がちな両親に代わって、兄姉たちが家事を引き受けた。その中で手伝いに追われる日々。幼いながら不満に思ったりもした。

そんなとき偶然、父と信者さんの会話が耳に入ってきた。

父は身上の相談に、掲出のお歌を挙げたうえで「教祖は、見えん先から説くと仰せになっている。疑い心、人間思案は捨てて、素直に親神様・教祖にもたれて通ってください」と諭し、おさづけを取り次いだ。

その後、信者さんはご守護いただき、のちに教会役員となった。あのときの父のお諭しは、いまでも心に残っている。

やがて歳月を経て、青年づとめをする中でご縁を頂き、現教会の二女と結婚した。義父と義母の出直しを受け、教会を預かる御用のうえに妻と二人、心を治めて通ることをお誓いした。

あれから三十年。阪神《はんしん》・淡路《あわじ》大震災による教会半壊と復興普請、翌年の妻の出直し、自身の脳梗塞《こうそく》、それに伴う長男の会長就任……。さまざまな節を通して、ご守護の世界をお見せいただいた。そのようななか、常に胸に浮かび、道しるべとなったのが掲出のお歌である。

教祖百三十年祭へ向かう三年千日の旬。人の目には見えぬ先から、私たちが通るべきひながたをお示しくださった教祖の親心に、わずかなりともお応えしたいと心を定めている。

（立教176年4月14日号）

21　みへてからといてかゝるハせかいなみ（一号18）

このよふをはじめた神のゆう事に
せんに一つもちがう事なし

一号 43

時旬の〝追い風〟受け
三度目の教祖年祭へ

浅野啓文《あさのよしふみ》
市都《いちみやこ》分教会長

このたびの教祖百三十年祭で、教会長として三度目の教祖年祭を迎える。「諭達第三号」を指針に、陽気ぐらしの輪を広げ、教会につながっていただけるようなつとめ方をしようと思い描いているが、なかなか届かない現状に、満足できないこともある。

そうした中でも、時旬の〝追い風〟を頂くことがある。

年祭活動初年の昨年一月、教会の女性信者から「弟のおたすけをお願いします」と申し出があった。聞けば「三叉神経痛《さんさしんけいつう》」を患う弟の全身に、治療薬の副作用から湿疹《しっしん》が広がり、おさづけを取り次ぎたいが断られるのだという。

早速、自宅に伺うと、弟さんの体中が真っ赤に腫《は》れ上がって、熱も高く、つらそうな様子だった。

そのとき、私の頭に、教会最古参の信者で、前年に百二歳で出直した姉弟の母親のことが浮かんだ。私はまず、信仰を代々つないでいく大切さを伝えた。

そして「親神様は、身上・事情を通して、必要と思われる人をお道に引き寄せられる。あなたもまた必要な人である」と述べ、おさづけの取り次ぎを申し出た。彼は快く受けてくれた。その後、二週間の入院中も、おたすけに通った。

あれから一年以上の歳月が過ぎた。再度の入院を経て、彼は身上のご守護を頂き、お道に理解を示している。姉の女性信者も、いままで以上にお道の御用に努めてくれている。

教祖百三十年祭三年千日活動は、間もなく〝折り返し〟となる。私の座右としている掲出のお歌を心に、いまの時旬の追い風をさらに受けて、親神様・教祖にお喜びいただけるよう成人の歩みを進めていきたい。

（立教177年5月4日号）

やまさかやいばらぐろふもがけみちも
つるぎのなかもとふりぬけたら

一号 47

信者一家の事情に光見た
神にもたれるという真実

山本達則《やまもとたつのり》
大参分教会長《だいさん》

四年前の年末、おたすけにかかっていた信者から電話が入った。「息子のFを修養科に入れたいと思うのですが……」。その言葉に私は跳び上がるほど驚き、そして喜んだのだった。

F君は、十数年前からひきこもり状態となり、家族とも接触を絶っていた。私もF君のもとへ通ったものの改善は見られず、家族の苦労はさらに続いた。

F君本人も、行き場のない憤りを建物や物にぶつけながら必死に闘っていたのだろう。あるときなど、夜中に大声を上げ、隣近所に迷惑をかけたことがあった。

「病院へ連れていけば……」「無理にでも引きずり出せば……」といった言葉を浴びても、両親は、そのどちらも選ばず、「神にもたれる」という選択肢を採り、息子のためにひたすら頭を下げた。

父親は修養科、教会長資格検定講習会（当時）、本部のひのきしんと、私の願いを二つ返事で引き受けてくださった。母親もまた、近所の教会への日参、おつくし、にをいがけと、勇んでつとめてくださった。

こうして年月が過ぎていくものの、F君に大きな変化は見られなかった。だが、両親の心は確実に変化していた。「なんとかご守護いただきたい」と願う心から、「精いっぱいつとめた結果なら、このままでも」と、ありのままを受け入れようという気持ちになってくださった。

その中でF君の心にも変化が起こった。これまでの思いをつづった手紙を母親に差し出したのだ。そこで、冒頭の吉報となった。

年明け、修養科の面接のため、私はF君の住むマンションで待っていた。F君は顔を合わせるなり、「よろしくお願いします」と小さく頭を下げた。

ここに至るまでの七年間の家族の真実が、親神様に届いたことを実感した瞬間だった。

（立教175年1月22日号）

わがみにハもふ五十うやとをもへとも
神のめへにハまださきがある

一号 63

理を貫いた父の最期
次代へ道つなぐ思い胸に

板井《いたい》伸浩《のぶひろ》
堺關《かいせき》分教会長

今年の誕生日で五十歳になる。掲出のお歌を拝する中で、十五年前に出直した前会長である父の最期が浮かんできた。

平成十一年五月、肝臓がんを患っていた父の容体が急変した。がんの診断から四年余り、父は毎月のおぢば帰りを欠かさず、お道の御用に明け暮れていた。

知らせを受けて教会に戻ると、父は神殿の参拝場に座っていた。

父は激痛に耐えつつ、「教会長を継ぐように」と、十二年間部内の教会長であった私に告げた。そして、そばにいた二人の弟たちにも「理を立てて通れ、身の行いを正して通れ、母を守れ。兄弟仲良くして通れ」と諭した。

「君たちと家族になれて、とても幸せだった。ありがとう」。そう言い置くと、家族と一緒に親神様、教祖、祖霊《みたま》様を礼拝し、病院へ向かった。

翌朝、病床の父におさづけを取り次いだ。涙交じりの取り次ぎに、父は涙を流してニッコリ笑った。「大教会長がこちらへ向かわれている」と伝えると、父は申し訳なさそうにうなずいた。そうして五十八歳の生涯を閉じた。
後日、父の書斎を整理中、辞世の短歌を見つけた。

今はただ　生まれ替《かわ》りを信じつゝ
再び、三再《みたび》　君と逢《あ》いたし

そこには、長年連れ添った母への感謝と、最期まで理を貫いた父の信仰信念が感じ取れた。
思えば、わが家のいんねんからか、歴代会長は五年未満、あるいは十年前後で職務を辞している。十代目の私としては、前会長が教えてくれた「つとめとさづけ」の尊さ、理を立てて通る大切さを胸に、次代へ信仰をつなぐべく、この道を全うしたい。

（立教177年4月13日号）

せかいにハなに事するとゆうであろ
人のハらいを神がたのしむ

一号 72

人に笑われそしられ
教祖ひながたをたどる

石田隆通《いしだたかみち》
隆初《たかはつ》分教会長

「こらっ！　天理教、うるさいぞ」

三年前の夏の日、人波でごった返す大阪・ミナミの道頓堀戎橋《どうとんぼりえびすばし》で街頭講演をしていたときのことだった。

一人の男性が怒鳴りながら近づいてきて、顔に唾《つば》が飛ぶほどの勢いで、まくし立ててきた。

ややこしい人に出会ったものだと嘆息しながら、男性の悪口雑言《あっこうぞうごん》を浴びていたが、いったい何のために話をしているのか、との問いかけに私は食いついた。

二十年前に「髄膜炎《ずいまくえん》」を親神様にたすけていただいたご恩返しをしているのだと伝えると、男性は「善いことをしているつもりでも、皆笑っているではないか」と返してきた。

この言葉を聞いた瞬間、思わず男性の手を握り締めた。

「それはありがたい。親神様は『いつもわらはれそしられて　めづらしたすけをするほどに』（みかぐらうた　三下り目五ッ）とも、『せかいにハなに事するとゆうであろ　人のハらいを神がたのしむ』とも仰せです。人さまに笑っていただくたびに、私の心に人だすけの力が培われていきます。第一、人の笑いを神様が楽しんでくださるのですから」

そう言うと、男性は呆気《あっけ》にとられたのか、それまでの剣幕《けんまく》とは打って変わって、随分穏やかな目になって去っていった。その後ろ姿に「どうか笑ってください」と、もうひと声かけた。

あえて笑われるようなことをする必要はないだろうが、にをいがけ・おたすけの際は、笑われそしられることほど、ありがたいことはない。教祖のひながた、そのものなのだから。

いま振り返ると、笑われていたあのとき、私の心は確かに澄んでいたように思う。

（立教176年9月15日号）

せんしよのいんねんよせてしうごふする
これハまつだいしかとをさまる

一号 74

「いんねんよせて」に道一条貫く勇気得て

中西繁雄《なかにししげお》
泉州《せんしゅう》分教会長

テレビで北海道・十勝《とかち》地方の映像が流れると、思わず見入ってしまうのは、久しく離れている故郷への郷愁の念からだろうか。

父母は極寒の地で、九人の子供を育てながら道一条に通り、教会名称の理を頂戴《ちょうだい》した。私は親の苦労を見て育ちながらも、八番目の生まれという気楽さも手伝って、成人を機に教会を離れて上京した。

三十四歳のとき、身上を頂いて修養科を志願。修了後、大教会で青年づとめをするなか、縁あって大阪にある教会の子女と結ばれ、養子となった。

あれから三十数年。お見せいただいた節の中でも大きな出来事といえば、長男が「クレチン症」という先天性の病気を持って生まれたことだ。甲状《こうじょう》腺《せん》ホルモンの分泌量が不十分になるこの病。息子に見せられた大節に、心を倒しそうになることもあった。そんなとき支えになったのが、掲出のお歌である。

このお歌は秀司《しゅうじ》様とまつゑ様の縁談にまつわるもの。何度も読み返して味わううちに、「私はいんねんある場所へとお引き寄せいただいたのだ」「いまこうして、神様にお連れ通りいただいていることが結構ではないか」という、勇気にも似た思いが湧《わ》き上がってきた。

養子が二代続いた当教会だが、いまは二男が会長後継者として教務につとめている。亡き両親は、私たち教会家族が、いまは届かないながらも、お道の御用にお使いいただいていることを喜んでくれているだろう。

来る教祖百三十年祭に向け、ますます勇み心を高めて、成人への歩みを進めさせていただきたい。

（立教176年5月19日号）

にち〳〵に心つくするそのかたわ
むねをふさめよするゑハたのもし

二号　28

亡き父の背中に思う
誠の心を伝える使命

栗田道徳《くりたみちのり》
旭浜分教会長《あさひはま》

夜中の十二時。目覚まし時計が鳴り、しばらくすると、おつとめ衣《ぎ》に着替えた布教所長の父が、十二下りのお願いづとめを勤めていた。六畳と四畳半の布教所で、子供心にいつも「何をしているのだろう」と思ったものである。

あるとき父に連れられて、おたすけ先を訪れた。玄関先で父は、お茶を出してくれた奥さん越しに、居間の奥にいるご主人に向けて、熱を込めてお道の話を説いていた。

また、あるとき、おたすけの心を定めた父は、横浜から単身徒歩でおぢば帰りをした。

高校生の時に、私が「歩いてみたい」と言うと、父は「おたすけで歩かなければ意味がない」と返した。

自ら荒道を求めて通った父は、教祖百年祭を前に出直した。

当時、おぢばの学校で学んでいた私は「一生懸命、道を通っていたのに……」と父のことを思ったが、それでも「父の誠の心を無にしてはならない」と、道ひと筋に通る決心を固め、今日に至っている。

この道は、不思議なたすけの連続で栄えてきた道である。

その中で、苦労の道をたんのうの心で諦《あきら》めずに通っても、道半ばにして出直していく人も多くいる。

しかし、唯一言えることは、「誠一つ」の精神があってこその道中だということだ。この誠の心を伝えることが、お道の信仰の生命線だと思う。

父から誠の心を伝えられたように、結果や形にとらわれず、誠の心をしっかり伝えられるよう、先を楽しみに心を尽くしたいと念ずる日々である。

（立教177年9月14日号）

しやハせをよきよふにとてじうぶんに
みについてくるこれをたのしめ

二号 42

〝仕合せ〟は、やから頂く〝幸せ〟へと続く道

是則晃生《これのりあきお》
小倉《こくら》分教会長

大学卒業を前に、進路を決めかねていたころ、友人たちに触発されて道専務となった。

お道の青年として精いっぱい御用につとめるも、先の見えない不安が先に立ち、確たる自信が持てない日々を過ごした。そんななか真柱継承奉告

祭の旬を機に、私も新たな一歩を踏み出そうと決意を固めた。

図らずも、当時教会長だった父から「部内教会の会長になるように」と声がかかった。いつかは父の後を継ぐ立場にあることから、私がお預かりする教会の次の後継者を十年でご守護いただこうと心定めした。

七年目のある日、一人の女性信者が、身上を機に教会長になる心定めをしてくださった。その喜びもつかの間、教会長任命講習会の受講を前に、彼女は出直した。彼女のご家族はもちろん、教会にとっても大きな節を見せられ、私は妻と共に不徳を詫《わ》びた。しかし、ご家族は、出直すまでの間にお見せいただいた数々のご守護に感謝してくださった。私は彼女の出直しを生き節にすべく、霊様《みたま》に喜んでいただけるように努めようと誓った。

四年後、父の出直しに伴い、現教会の会長に就任。私の後は妻が引き継いだ。一方、亡くなった女性信者の夫も後添えを頂かれ、夫婦ともどもに教会に尽くしてくださっている。

さて、掲出の「おふでさき」にある「しやハせ」、つまり「しあわせ」を『広辞苑』で引くと「仕合せ」と出てくる。その意味は、巡り合わせ、機会、天運、幸福などとある。

私たちの身に起こる身上・事情や人との出会いは、すべて親神様が一人ひとりに合うように与えてくださるもの。そのときは分からなくても、ありがたい、結構なことと素直に受けとめて通れば、いつの日か幸せだと思える日が来て、喜ばせていただけるのではないか。

親神様から頂戴《ちょうだい》する〝仕合せ〟を大切に、将来の〝幸せ〟を楽しみに、日々を通らせていただきたい。

（立教175年3月25日号）

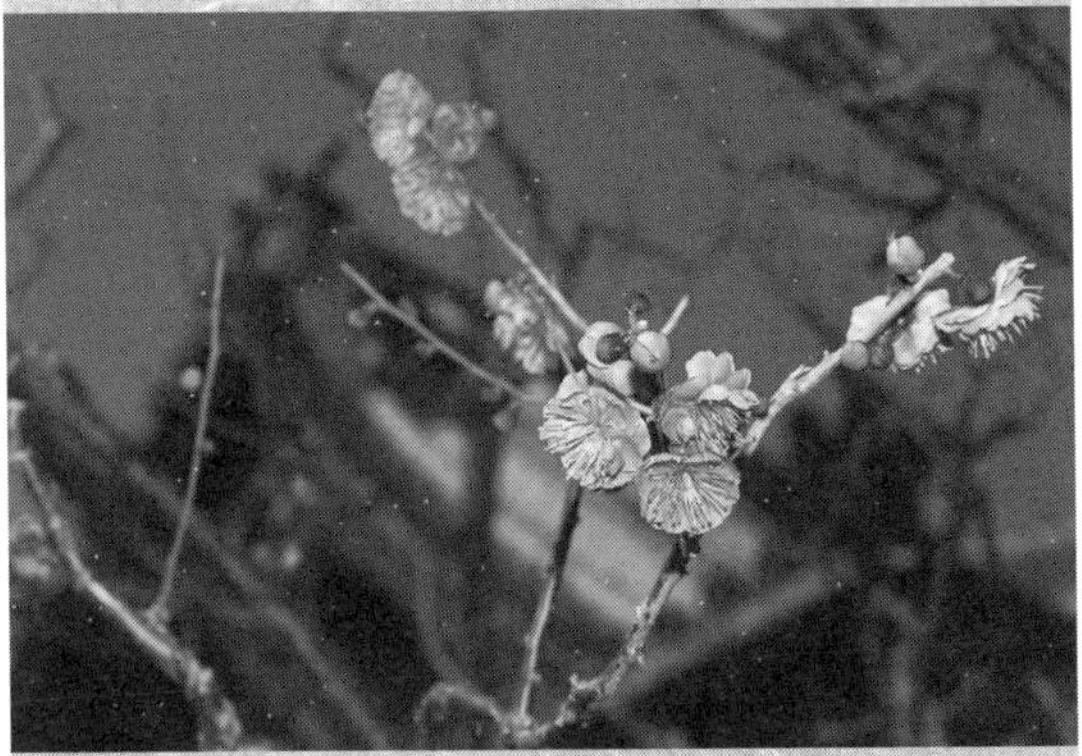

このすいのどこにあるやとをもうなよ
むねとくちとがすなとすいのや

三号 11

自らの心を澄まし
人だすけの道に邁進

平田寛幸《ひらたひろゆき》
櫻井谷《さくらいだに》分教会長

三年前から、福祉施設利用者の就労支援や地域移行（施設入所者が地域生活に移行すること）のお手伝いをしている。

施設で起こる問題の一つに、けんかがある。双方の話を聞くと、決まって「相手が先に手を出した」「腹の立つことを口にした」と言う。揚げ句には「自分は何もしてへん」と、一方的に相手に責任を押しつける。

そうした場面に出くわすたびに「この手は、人をどつく（殴る）ために神様から貸してもろたんと違うで」「この口は、人の嫌《いや》がることを言うために貸してもらってるんと違うで」と伝えている。

陽気ぐらしのキーワード「感謝　慎《つつし》み　たすけあい」が提唱されて久しい。この三つは、いずれも口と胸（心）の働きがなくては成り立たない。

私たちがたすけ合っていくには、まず自らが心を澄まし、人さまに喜んでもらえるように「かしもの・かりもの」の体を使わせていただこうとする態度が欠かせない。

特に「たすけあい」については、心のあり方が重要である。心が伴わなければ、人のために手も足も動かしにくい。ましてや口から出る言葉に、相手に響く力は宿らないだろう。

『稿本天理教教祖伝逸話篇』一六七「人救《たす》けたら」に「それはなあ、手引きがすんで、ためしがすまんのやで。ためしというは、人救けたら我《わ》が身救かる」と記されている。

「たすける旬、たすかる旬」とお聞かせいただく年祭の旬に、この身をお借りし、教会長という立場をお与えいただいていることに思いを馳《は》せる。どれだけ、おたすけの道に邁進《まいしん》できるか――。いま、神様に試されているように思えてならない。

（立教176年7月21日号）

子のよなきをもふ心ハちがうでな
こがなくでな神のくときや

三号　29

長男の涙で気づく
心配りの大切さ

水上守人《みずかみもりと》
西前田《にしまえだ》分教会長

長男は小さいころ、とにかく寝つきが悪かった。抱っこやおんぶをすると、すぐに眠るのだが、布団に寝かせた途端、目が覚めて泣きだす。妻も私も、よく長男を背負って教会の御用にいそしんだ。

寝つきの悪さを不足に思う私たちに、先輩や周りの方々は、掲出のお歌をもとに優しく諭してくださった。しかし、一生懸命だった当時は、なかなか素直に聞けず、その優しさが、かえってつらく感じられた。

その長男が昨年、おぢばの高校へ進んだ。私たちも元気に学校生活を送っているものと安心していたが、夏休み明けに寮から「門限を過ぎても帰ってこない」と連絡が入った。

心当たりに連絡したが行方は分からず、時間は過ぎるばかり。夫婦でひたすら教会の神殿にぬかずき、わが子の無事を祈った。

長男が電車や船を乗り継いで教会に戻ってきたのは翌朝のこと。無言で涙を流す長男に、私は「よく帰ってきたな」と涙交じりに言葉をかけた。

結局、長男はこの春から、地元の高校で再スタートを切ることになった。

この一件から、肌身離さずわが子を育ててきたつもりでも、最も大切な

「心」が離れてはいなかったかと夫婦で反省した。「諭達第三号」に「おたすけは周囲に心を配ることから始まる」と示されている。また、

しんぢつに人をたすける心なら
神のくときハなにもないぞや　（三号　32）

ともお教えくださっている。

子が泣くのは、親となる者を成人させたいとの親神様の思召《おぼしめし》と思案し、この先、ともどもに人だすけにつとめてくれるわが子にも、十分に心を配っていきたい。お言葉にも「神のくとき（＝口説き）」とある。親神様の諭しには「はい」と勇んで返事をさせていただきたいと思う。

（立教176年5月26日号）

しんぢつに人をたすける心なら
神のくときハなにもないぞや

三号　32

復興を祈るおつとめ
教会一同の勇み心に

塩田善昭《しおたよしあき》
坂出《さかいで》分教会長

平成二十三年三月十一日午後二時四十六分。一千年に一度という、未曽有《みぞう》の巨大地震が全国民を震撼《しんかん》させた。遠く四国に住む私にとっても、こんなことが現実に起こり得るものかと、想像を絶する被災地の変わり果てた姿に、胸が締めつけられる思いであった。

震災直後、被災地の様子を見ながら、募金活動や現地へ駆けつけての復旧作業など、さまざまな支援をさせていただかなければと思った。そして、この大節を〝わが事〟として受けとめなければと決意した。

そこで、毎日十二下りのお願いづとめを勤めることにした。

被災地が一日も早く復旧・復興の治まりを見せていただきますように、さらに、被災地の方々に少しでも明るい兆しが見えてきますようにと願いを込め、三年六カ月、些細《ささい》なことではあるが、毎日続けさせていただいている。

その中で、身の回りには、こんなにも喜べることがたくさんあるのだと気づかせていただき、不足心を募らせていたことを反省した。

当初、一人で始めたお願いづとめは現在、教会に住まう者、集う信者一同で勤めさせていただいている。

私はもとより、ようぼく・信者にとって、被災地の復興を祈る毎日の十二下りのてをどりは、日々のお礼を親神様・教祖に申し上げる機会でもあり、さらには、それぞれの勇み心にもつながっていると思う。

「たすけの旬」と聞かせていただく年祭活動の三年千日、人さまのたすかりを願い、勇ませていただきたい。

（立教177年9月7日号）

めへ〳〵にいまさいよくばよき事と
をもふ心ハみなちがうでな

三号 33

親々の道に思いを馳《は》せ
ご守護への感謝胸に歩む

大佐古《おおさこ》 稔《みのる》
山部《やまべ》分教会長

私は信仰家系の四代目に当たる。幼いころから、わが家のいんねんと信仰の元一日の話を、父をはじめ叔父《おじ》や叔母《おば》などの親類から何度も聞かされてきた。

初代は、若くして恐ろしい病にかかり入信したという。病が完治することはなかったが、結婚して八人の子供を授かった。

そして「わが身はどうなっても、子、孫に同じいんねんが出ないよう」との一心で、厳しい環境のなか、ご恩報じの道をひと筋に通った。

入信から三十年、余命いくばくもないころに、子供たちを集め「いんねんを切っていただくには、この道よりほかにない。信仰を貫き通すように」と話して出直したとのことであった。

この初代の話を思うにつけ、いま健康な身上をお借りし、物に囲まれて便利な世の中を通らせていただけるのも、初代の思いを受け継ぎ、二代目、三代目がつないでくれたからこそだと思わずにはおれない。

そして今度は、私がこの話を、わが子はもとより親戚《しんせき》・縁者の若者たちに、しっかり伝えねばならないと強く感じている。

物があふれ、便利な中を暮らさせていただける現代社会では、ともすれば感謝と慎《つつし》みの心が薄れ、些細《ささい》なことにも不足心を使いがちであるように思う。

我《われ》さえ良くば今さえ良くば、という時代の風潮に、ふと流されそうになるとき、掲出のお歌を思い出しては、親神様のご守護への感謝の思いを新たにしつつ、明日への道を歩む心を治めさせていただいている。

（立教175年8月19日号）

いまのみちいかなみちでもなけくなよ
さきのほんみちたのしゆでいよ

三号 37

布教への逡巡を反省し
アメリカから毎月帰参

長谷川《はせがわ》ケネス邦昭《くにあき》
ポートランド教会前会長

おぢばから遠く離れたアメリカの地で、お道の教えを伝えることは容易ではない。私自身も三十代のころ、にをいがけをすることに逡巡《しゅんじゅん》した時期があった。

戸別訪問では、断られ、笑われ、ののしられ、怒鳴られた。他宗の人から改宗を迫られたり、犬に足を噛《か》まれたりしたこともあった。全くにをいが掛からず「なぜ、こんなことをしなければならないのか」と葛藤《かっとう》していた。

一人悶々《もんもん》としていた時期に、心の励みとなったのは、原典にある教祖のお言葉。掲出のお歌も、その一つだ。

当時は、にをいがけを恥ずかしいことのように思い、見栄や意地を張って、結果ばかりを追い求めていた。

「誰《だれ》が何を言おうと良しとしよう」。あるとき、そう気持ちを切り替えると、心が晴れやかになった。

さらに、アメリカから毎月おぢばへ帰ることを心に定めた。帰参するたびに教祖殿でぬかずき、教祖に心の内を吐露《とろ》した。不安が取り除かれ、心にエネルギーを頂いた。また、喜びの種蒔《ま》きをしようと、おぢばや大教会では率先してひのきしんに励み、勇んでにをいがけに回った。

そのうち、日本はもとより、アメリカ本土でも話を聴いてくださる方ができるようになった。妻と二人、これまで五百人以上の方をおぢばへ連れ帰り、二百人以上の方に別席を運んでいただいた。

にをいがけ・おたすけは、勢いと熱心さ、粘り強さ、探究心が大切だと思う。

教祖ひながたを頼りに「歩こう、汗をかこう、恥をかこう」の気概を常に持って、教祖百三十年祭を目指したい。

（立教177年7月6日号）

しんぢつにたすけ一ぢよの心なら
なにゆハいでもしかとうけとる

三号 38

神一条の精神定めた
〝あの日〟のおたすけ

池《いけ》田《だ》修《しゅう》一郎《いちろう》
浅海《あさなみ》分教会長

教祖百年祭の年の秋、前会長である父が不慮の事故で出直した。その翌月から、後継者だった私は、信者宅の講社祭や布教所の月次祭を勤めることになった。

その年の暮れ、大阪にある布教所の所長から、おたすけの願い出があった。所長の姪《めい》が二人目の子供を出産したが、その際、子供の頭部が圧迫されて脳が膨張し、命が危ぶまれる状態にあるという。

親神様にたすけていただくほかに道はない――。病院に着くと、そう腹を決めた。

「私は教会長になる身です。その職から決して逃げません。成り行きで教会長になるのではなく、何事にも真摯《しんし》に向き合い、神一条の精神で通らせていただきます。どうかこの子をたすけてください」

生後間もない女の子は、集中治療室で治療を受けていた。中に入れず、廊下からガラス越しにしか見えない女の子のたすかりを、懸命に祈った。

廊下では、母親である所長の姪が泣き崩れ、ご主人が肩を抱きかかえていた。責任の重さに、思わず逃げ出したくなるほど心が揺らいだ。それでも心を奮い立たせて「たすかります、絶対にたすかります！」と言いきった。親神様にもたれきった瞬間だった。

女の子は、大きな障害があるものの元気に育った。いまも講社祭に行くと、「会長はーん、こんにちは！」と出迎えてくれる。おつとめでは、ちゃんぽんをつとめ、家族の方も「この子が生まれてくれたおかげで、こうして神様をお祀《まつ》りすることができた」と喜んでくださっている。

あの日のおたすけは、会長職を拝命する私の覚悟を試された、親神様の親心からのお計らいでもあったと、いまにして思うのである。

（立教177年5月25日号）

たん〳〵となに事にてもこのよふわ
神のからだやしやんしてみよ

三号　40・135

避難所での婦人の問いかけをやの思いを伝えると…

権谷《ごんや》正一《しょういち》
南平《みなみひら》分教会長

東日本大震災の発生から十日後の平成二十三年三月二十一日。災害救援ひのきしん隊員として救援活動に取り組んでいた私は、岩手県釜石《かまいし》市の、とある避難所へ赴《おもむ》いた。

これは、市の職員から「避難所の方々の話を聴いて、心のケアをしてもらいたい」という依頼を受けてのものだった。「天理教の方にしか、お願いできません」との切なる願いに、少しでも力になれればと、被災された方々の話に一心に耳を傾けた。

ご婦人のAさんは、津波が押し寄せてきた様子を一時間にわたって話してくださった。そして「人間が作ったものは全部流され、自然の姿に戻ってしまいました。これを天理教では、どう考えるのですか？」と質問された。

そのとき、ふと浮かんだのが掲出のお歌だった。私は、人間は陽気ぐらしを目的に親神様がお造りくだされたものであり、この地球は「神のからだ」であること、そして人間は親神様の子供として等しく兄弟姉妹《きょうだい》であり、お互いにたすけ合うことが大切だということを分かりやすく伝えた。

すると、Aさんは「だから、あなた方は自分の住む地域も被災しているのに、こうして手弁当で来てくださったのね。私は生きる希望を失っていましたが、まだ自分にもできることがあると気づかされました。今日あなた方に会えて、本当に良かった」と言われた。

お道の教えは、どのような状況下でも、不思議なほど人の心に染みていく。それは「世界一れつをたすけたい」というをやの思いが込められているからだと、Aさんとの会話を通して、あらためて実感した。

をやにもたれ、コツコツとをやの思いを伝え、教祖百三十年祭活動を勇んで歩ませていただきたい。

（立教176年5月12日号）

にんけんハみな〳〵神のかしものや
なんとをもふてつこているやら

三号 41

ひのきしん中の落下事故
夫婦でご恩報じの道誓う

池田泰理《いけだやすみち》
愛灘《あいなだ》分教会長

平成十七年秋、妻が知人から二階の屋根の修繕を請け負い、夫婦でひのきしんをすることになった。

その修繕中、急に足場が崩れ、私と妻は地面へ落下。体操競技の国体選手だった妻は、「せめて夫だけでも」と、空中で私の体を押し上げたという。

まさに瞬時の判断だった。

気がつくと、妻が私の下敷きになって倒れていた。私はほとんど無傷だったが、妻のおなかは内臓破裂を疑うほどペタンコの状態だった。

私は無我夢中でおさづけを取り次いだ。救急車で病院へ運ばれる道中、自らの心づかいを深く反省した。

当時、大教会では、教祖百二十年祭に向けた活動として「おさづけの取り次ぎ百万回」が提唱され、私は懸命におたすけに奔走していた。

そのため、屋根の修繕については「妻に付き合わされている」との思いが拭《ぬぐ》えず、作業に勇めない気持ちのまま、妻に小言を言ってしまったのである。その瞬間、足場が崩れたのだ。

私は掲出の一首を思い出し、「親神様のご守護なくしては何事も成り立たない。二人して元気な体をお借りしているからこそ御用に励めるというのに」と心から悔いた。

妻は市内の救急病院へ運び込まれた。検査の結果、妻の体に異常は見つからなかった。私は、夫婦ともども無い命をおたすけいただいたと感じずにはおれなかった。

以来、私たち夫婦は、この喜びを忘れることのないようにと、毎日の目覚めと就寝前に、体をお借りしているお礼を声に出して申し上げるとともに、「この自由叶《かな》う体を使わせていただき、ご恩報じに通らせていただきます」と、心新たにお誓いしている。

（立教173年11月14日号）

わかるよふむねのうちよりしやんせよ
人たすけたらわがみたすかる

三号 47

人だすけに歩む親子の姿に真のたすかりの道を見て

吉福新太郎《よしふくしんたろう》
西鎮《さいちん》分教会長

座右のお歌に思いを馳《は》せるとき、ある親子の姿を思い浮かべる。

四年前、当時「布教の家」に入寮していた自教会の青年から連絡が入った。聞けば、街角でホームレス状態にある少年に出会ったという。

翌日、布教寮で少年と面会した結果、親族の希望もあって教会で預かることになった。十六歳というのに小学校高学年にも見える小さな体を心配したが、教会在住者と共に笑顔で生活を送るうちに、体も成長していった。

しばらくして、少年の父親が突然現れ、身上・事情から教会に住み込むことになった。二人は親子そろって修養科を志願。続いて、教会長資格検定講習会（当時）を受講し、日々お道の御用につとめる〝親子ようぼく〟が誕生した。

そんななか、昨年四月には父親が「布教の家」に入寮した。路傍講演、戸別訪問、おさづけの取り次ぎを懸命につとめ、携帯電話に毎日、報告のメールが入ったが、初代の道は厳しい。戸別訪問中に高校時代の恩師に三十年ぶりに再会し、おたすけに通う中でおぢば帰りの約束までこぎ着けたものの、帰参を前に出直されてしまうなど、結果的には一年間で一人もおぢばへお連れできなかった。

しかし、さまざまなことを通してこの信仰に導かれ、ようぼくとして生まれ変わり、時につまずき転びながらも人だすけの御用に歩む姿に、本当のたすかりへ続く道があると信じる。そして、掲出のお歌に込められた親心を、あらためて感じずにはおれないのである。

父親は教会へ戻る際、恩師が最期に書き残したメッセージを持ち帰った。

「貴方《あなた》は人をたすけなさい。貴方にしか、たすけられない人の力になりなさい」

その紙をポケットに納め、今日も親子そろって「たすける理がたすかる」道の御用に勇んでつとめている。

（立教175年4月29日号）

しんぢつにたすけ一ぢよてあるからに
なにもこわみハさらにないぞや

三号 77

道中の親切に感激した初の徒歩帰参の思い出

白須克己《しらすかつみ》
因南《いんなん》分教会長

教祖九十年祭へ向かう三年千日。中河《ちゅうか》大教会の田中善太郎《たなかぜんたろう》会長（当時）は、毎月二十五日に大阪府八尾《やお》市の大教会から徒歩でおぢばへ帰参し、翌日の本部月次祭に参拝して尊いおぢばの理を頂くと心定めをし、実行に移された。

これを受け、私どもの上級の会長が「われわれもおぢばまで歩かせていただこう」と言われた。そこで部内の青年十一人が、広島県尾道《おのみち》市から天理までの約三百五十キロを徒歩帰参することになった。昭和四十九年五月のことだった。

何しろ全員初めてのことで、道中は思わぬ事態の連続だった。初日から足にまめができるわ、筋肉痛に悩まされるわで、先行きに不安を覚えていたのは私だけではなかった。

四日目。兵庫県との県境にほど近い岡山県の三石《みついし》に着いたのは夜の九時ごろであった。疲労もピークに達し、国道沿いにある工場の隅で一泊させてもらおうと、近くの民家を訪ねた。

家の主《あるじ》は「その場所は困る」と断ったが、「道路の向こう側にいい場所がある」と、別の場所を提供してくださった。しかも、湯茶の接待までしていただき、心尽くしの親切に一同感激した。

教祖の先回りを感じながら、リュックの中からポケット判の『おふでさき』を取り出した。押し頂くようにして、パッと開いたページの冒頭に記されていたのが、掲出の一首だった。

どうにか九日間を歩き通して、本部月次祭の二十六日に到着した。

これがきっかけとなり、その後、自教会で徒歩帰参をさせていただくようになった。あれから四十年、振り返ると、瞬く間に通り過ぎた道中であった。年祭ごとに、節あるごとに、おぢばの理にお縋《すが》りしながら歩かせていただき、今日の日を迎えている。

(立教176年11月10日号)

しやんせよ万たすけのこのもよふ
にんけんハざとさらにをもうな

三号　79

節にこもる親心悟り
日々を勇んで歩む

石本洋一《いしもとよういち》
出雲郷《あだかえ》分教会長

平成十八年十二月十五日午前九時三十分。教会へ戻る道中、携帯電話が鳴り、「教会が燃えている」と連絡が入った。駆けつけると、周りには消防車が何台も止まっており、ホースが入り乱れて近づけない。車を乗り捨てて教会へ向かうと、炎に包まれた無残な姿が目に飛び込んできた。人が集まり、テレビ局の報道陣も来ていた。裏の用水路が工事中で、そこから水が引けずに消火活動が遅れ、建物内に火が広がったのである。

その後、お目標様《めどう》が無事であること、けが人がいないこと、隣家からの出火であることが分かった。百歳の祖母は既《すんで》のところで救出され、身上がちな母も無事だった。神様がちゃんと〝助け舟〟を出してくださったのだと思うと、不思議にも心が落ち着き、現実を直視できた。

四日後、松井石根《まついいわね》・大教会長（当時）ご夫妻がお見舞いにお越しくださった。焼け跡をご覧になり、「先の楽しみを」と励ましの言葉をかけてくださった。

多くの神具が消失、書籍や家財道具も一部を除いて失った。近所の方が心配して洗濯機や衣類などを寄せてくださり、涙が出るほどうれしかった。

神殿普請の準備にかかったが、前会長である父が「大腸がん」と診断されて入院。母も同じく、がんで入院となった。さらに、天理在住の教会役員が出直すという節が重なった。「もっとしっかりせよ」との神様の励ましと悟った。幸い、父も母もご守護いただき、やがて退院することができた。

翌十九年秋、普請が始まり、ようぼく・信者の方々の並々ならぬご丹精を頂いて二十一年に完成。五月二日、移転建築落成奉告祭を執り行った。

火災という節を頂いたのは、早く新しい神殿を建てて、たすけ一条に徹せよとの思召《おぼしめし》だと受けとめている。まさに人間業《わざ》ではない。この先どんなことが起ころうとも、その中に親心を悟り、日々を勇んで通らせていただきたい。

（立教177年6月29日号）

一寸はなし神の心のせきこみハ
よふぼくよせるもよふばかりを

三号 128

たすけ一条の親心に応え世界の人々をおぢばへ

神田善之《かんだよしゆき》
甕善《おうぜん》分教会長

二十代のころの出来事だ。信仰を勧めていた友人から「別席を運びたい。その前に、母と会って話をしてもらいたい」と頼まれた。訪ねると、彼の母親は病に伏せっていた。

まず母親におさづけを取り次ぎ、別席について説明した。すると思いがけず、「ぜひ息子に別席を運ばせてください」と言われ、驚いた。

彼の母親は生来、心臓の持病を抱えており、医師から「結婚しても出産は諦《あきら》めてください」と告げられていた。しかし、ご主人がせめて一人でもわが子を腕に抱きたいと言うので、困り悩んだ末、お道の信仰者であった隣人の勧めでおぢばへ帰った。そうして「無事にあの子を出産できたんです」と。

その後、お道とは疎遠になり、このことは息子本人にも話していなかったそうである。私は母親から「きっと神様が引き寄せてくださったのでしょう。息子を神様の御用に使ってください」とお願いされた。

しばらくして、友人はおぢばへ帰り、別席を運んでようぼくに。病で苦しむ母に、おさづけを取り次ぐことができた。

思えば、私たちの信仰は、おぢば帰りに始まる。おぢばは〝たすけの源〟であり、教祖の子供可愛《かわい》いいっぱいの親心があふれている場所である。国内はもとより、世界の人々のおぢば帰りを、教祖はいつも今か今かと心待ちにしておられる。掲出の一首には、そうした教祖のたすけ一条の親心を感じさせていただく。

現在、上級教会で、海外布教に携わる機会を頂いている。教祖百三十年祭の旬には、世界から多くの人々がおぢばにお帰りいただけるよう努めたい。教祖の親心に、些《いささ》かなりともお応えできることを願うばかりである。

（立教176年9月29日号）

にち〳〵によふほくにてわていりする
どこがあしきとさらにをもうな

三号　131

異国で摘まれた〝こうまんの花〟心切り替え人だすけに専一

曽山《そやま》　俊《まさる》
陸牧《りくまき》分教会長

今年四月、ウクライナの刑務所で講演する機会があった。最後に訪問した刑務所では、講堂に二百人もの服役者が集まった。私は喜び勇んで話し始めたが、しばらくして突然、話の内容が頭から消えてしまった。聴衆が騒ぎだして、半分もの人が退場した。

原稿を読もうと取り出したが、今度は眼鏡を忘れていることに気づいた。残りも退場し始めている。やっと話の内容を思い出して再開したが、一番前の席に二十人くらいが残って、心配そうに私を見つめていた。

なんとか最後まで務めたものの、こんなことは初めてで、がっくりとして帰国した。

この出来事を教会で話すと、「神様は、会長さんの〝こうまんの鼻〟を折ってくださったんだよ」と言う人がいた。

確かに、二十年近くロシア語で講演活動をしてきたことで、こうまんになっていたかもしれない。しかし、親が子供の鼻をへし折るなんて、そんなむごいことをなさるだろうか。

ふと「これは鼻ではなく〝花〟では。あだ花が多いから、摘み取ってくださったのだ」と思い直し、心から御礼申し上げた。

そこで「おさづけの取り次ぎを専一に」と切り替え、十月末に再びウクライナを訪ねた。病院へ招かれた私は、教服姿で一人ひとりに教えを説き、三十人ほどにおさづけを取り次いだ。

病院からは「また来てほしい」と言われ、喜々として帰国した。

手入れとは「良い状態にするために手を加えること」と辞書にある。身上であれ事情であれ、自分にとって不都合なことが起こっても、それは親神様のなさること。さらに良い状態にしてくださるのだから、決してうろたえて嘆いたり、たじろいだりしてはならないと、今年の出来事を通して思った。


（立教174年12月18日号）

めへ〳〵のみのうちよりのかりものを
しらずにいてハなにもわからん

三号 137

教えに基づく人生の歩み方
おたすけを通して子供に伝え

武田保徳《たけだやすのり》
湊川《みなとがわ》分教会長

先日、高校生になる息子と共に、入院中の男性信者のもとへおたすけに出かけた。

その方は教会の月次祭に欠かさず参拝してこられた方で、息子も昔からの顔なじみである。

車で病院へ向かう道中、その方の病状を息子に伝え、おさづけの取り次ぎ中は手を合わせて親神様に身上平癒をお願いするよう伝えた。

大部屋の病室に入り、ベッドで横になっておられるその方に、私は耳元で話しかけ、おさづけを取り次がせていただいた。

私の後ろで真剣に添い願いをしていた息子は、身上によって変わり果てたその方の姿にひどくショックを受けたようで、病室を出ると顔色が悪くなって、一人で歩けなくなってしまった。

私たち教会長は、おたすけの現場で、人の生死に関わる出来事など、さまざまな場面に遭遇する。

一方、現代の若者たちにとって、人の死は遠い世界の出来事になっているようだ。

そのことをあらためて感じた私は、帰路の車中、息子に語りかけた。「かしもの・かりもの」や出直しの教理をもとに、親神様からお与えいただいた時間をどう過ごすか、どんな心づかいで人生を歩ませていただくことが大切かなど、私自身の思いを伝えた。

「学生生徒修養会」を受講した息子は、人のたすかりを願う心や神様に祈る心を、おぢばで育《はぐく》んでいただいている。今回のおたすけは、息子にとって良い経験になったと思う。

ひとしきり話を終えると、息子は十七歳になったら別席を運び、来年は、自分がおさづけを取り次ぐことを約束してくれた。

（立教175年9月30日号）

なにゝてもせかいの心いさむなら
神の心もみないさむなり

四号 20

教祖年祭の歌に
信仰の喜び漲らせ

井上《いのうえ》 哲《さとし》
本勇《ほんいさみ》分教会長

教祖六十年祭のころから作られ、信者によって歌い親しまれてきた教祖年祭の歌。どの歌にも、存命の教祖に心の成人のさまをご覧いただこうという思いが込められており、歌を歌うことで信仰の喜びが漲《みなぎ》ってくる。

私にとって特別な思い出のある歌は『教祖八十年祭の歌』だ。当時、天理高校の生徒だった私は、吹奏楽部でこの曲をよく演奏していた。

特に教祖八十年祭の年の一月一日、米国最大の祭典「ローズパレード」に吹奏楽部が初の海外団体として出演したときの演奏は印象深い。紺のスーツに「TENRIKYO」と染め抜かれたハッピを着て、五・五マイル(約八・八キロ)のコースを演奏行進した。切れ目なく吹いていたので、終わったときには唇《くちびる》が切れて血で真っ赤になっていた。

スタート直前、指揮者の矢野清《やのきよし》先生がシグナルバトンを示して、「このバトンをかざして回したときが『教祖八十年祭の歌』の合図だぞ」と全員に指示された。バラの花をあしらったバトンが、どのタイミングで上がるのかと、私たちは演奏しながら目で追った。

パレードも進み、主賓や来場者が座るメーンスタンドを間近にしたそのとき、バトンが大きく回った。

スタンド正面で高らかに鳴り響く『教祖八十年祭の歌』。見ると、観客全員がスタンディング・オベーションで迎えてくださった。

あのとき味わった大きな感動。その後、さまざまな節を見せられたが、その喜びが心の片隅にあったからこそ乗り越えることができたと思う。

いまの句は『教祖百三十年祭の歌』を応援歌に、年祭活動に遅れを取ることなく勇んで通りたい。


（立教176年6月30日号）

だん〵〳になにかの事もみへてくる
いかなるみちもみなたのしめよ

四号　22

人さまのたすかり願う〝本物のようぼく〟に

植川《うえかわ》　茂《しげる》
やまとほがらか分教会長

昨年九月に直属教会の創立六十周年記念祭を勤め終え、これから教祖百三十年祭活動に本腰を入れようと思っていた矢先のこと。上級の会長から、家内に「『布教の家』に入るように」と声をかけていただいた。

どんなことが起きても、〝親の声〟を受けとめ、通らせていただくことを心に決めていた。家内もその声を素直に受け、今年三月末から「布教の家」の寮生となった。

家内から日々「断られても断られても、次の一軒へ」という、ハガキやメールが送られてくる。一人の人をおぢばへ連れ帰らせていただくことの大変さと難しさ、それが叶《かな》ったときのこのうえない喜び――。その感激を味わわせていただくために、どこまで誠真実の心を尽くせるかと、懸命に布教の道中を通っている様子がひしひしと伝わってくる。

かつて、お道の先輩方が「わらじの紐《ひも》も解かず」の精神で歩かれた姿を思い起こしながら、私も日々忙しく走り回っている。その中で、身近な人たちに、これまで以上に親神様からいろいろな節をお見せいただいた。まさに、親神様が私に対して「おたすけのできる〝本物のようぼく〟になれるのか」と試されているように思う。

先日「教祖百三十年祭おたすけ推進大会」の席上で、「本気」という言葉を繰り返し聞かせていただいた。教祖百三十年祭へ向かう三年千日の折り返し地点であるいま、一ようぼくとしての〝本気度〟を最大限まで高めたい。

親神様・教祖にお使いいただける本物のようぼくとして、人のたすかりを願う日々を懸命に通らせていただきたいと決意を新たにしている。

（立教177年6月15日号）

にち〳〵によふきづとめのてがつけば
神のたのしゆみいかほとの事

四号 23

陽気に勤める両親の姿
娘の心に映り鳴物習得

益田《ますだ》旬一《しゅんいち》
庄関《しょうせき》分教会長

教会長夫人である妻に、朝夕のおつとめ後のまなびで、女鳴物《おんななりもの》のいずれかを弾いてもらうようになってから、どれくらいの歳月が流れただろうか。正確な時期は思い出せないが、おそらく長男と二男が小学校、長女が幼稚園に入ったころからで、少なくとも二十数年が経過している。

私は、おつとめの時間の十分前にはいつも神殿へ向かう。そして女鳴物を調律・調整し、妻に三味線、胡弓《こきゅう》、琴のいずれかを弾いてもらう。

女鳴物を聴きながら勤めるまなびは、なんと陽気なこと。鳴物の調べと自分の声が溶け合うように感じる瞬間は、得も言われぬ心地良さで気分爽快《そうかい》である。

長女が幼稚園の年少組だったころのこと。夕づとめ後、妻のもとにつかつかと歩み寄ってきて「お母さん、私も三味線を弾いてみたい」と言った。もちろん、私と妻は心の中でガッツポーズ。妻は優しく「ええけど、大人用の三味線は大きいし大丈夫かな?」と問いかけた。それでも、長女は「やりたいんよ」と。

その日から、長女は毎日小さな両手をいっぱいに広げて、三味線の稽古《けいこ》を続けた。自らやりたいと思って始めると、なんと上達の早いこと。瞬く間に三味線を習得し、ほどなく胡弓や琴も弾けるようになった。

気がつけば、妻と共にまなびで合奏できるまでに。私の喜びが倍になったのは言うまでもない。

（立教176年12月1日号）

よふむきもなにの事やら一寸しれん
神のをもわくやま〳〵の事

四号 26

節から神の思惑を悟り
心新たに歩みを進める

菊池《きくち》弘明《ひろあき》
和博《わひろ》分教会長

平成十五年十二月三十日未明。尿意と吐き気で目が覚め、トイレに向かった。すると突然、吐血と下血で意識を失い、そのまま倒れた。前会長である母からおさづけを取り次いでもらい、妻が同乗した救急車で、生まれて初めて病院へ運ばれた。搬送先で緊急手術を受け、そのまま入院。全身に輸血や点滴の管が通され、担当医からは「絶対安静」と告げられた。

病名は「出血性胃潰瘍《かいよう》」だった。絶食を余儀なくされ、口にできるのは水だけ。しかも、口の中を湿らせる程度しか水分を含めない。決して飲んではいけないとのことだった。

四日目から水を飲み込むことが許された。数日ぶりに喉《のど》を越す水のおいしさは、いまも忘れられない。

「世界には、枕もとに食物《たべもの》を山ほど積んでも、食べるに食べられず、水も喉を越さんと言うて苦しんでいる人もある。そのことを思えば、わしらは結構や、水を飲めば水の味がする。親神様が結構にお与え下されてある」

(『稿本天理教教祖伝』第三章「みちすがら」)

との、教祖のお言葉が思い浮かんだ。

思えば、祖父は教会設立の前年に六十四歳で、二代会長である父は教祖百年祭の翌年に五十七歳で出直した。教祖百三十年祭を二年後に控えるいま、私の周りでは、身近な人たちに相次いで大きな節をお見せいただいている。

真柱様は「諭達第三号」の中で、「時として、親神様は子供の行く末を案じる上から、様々なふしを以《もっ》て心の入れ替えを促される」と仰せられている。

この四月に還暦を迎える。干支《えと》が六十年で一回りし、元の暦に還《かえ》るのが還暦。心新たにようぼくとして、いま一度歩み直したい。


（立教177年3月23日号）

どのよふなところの人がでゝきても
みないんねんのものであるから

四号 54

いまの時代こそ大事にしたい「人は大切、人は宝」の思い

吉野静枝《よしのしずえ》
東理《とうり》分教会長

三十年以上も前の話だが、私どもの教会にBさんという住み込みの女性がいた。

Bさんは、母からにをいを掛けられて、教会で暮らすことになった。しかし、ほかの住み込みの人たちと反りが合わず、口論やけんかもしばしば。

そのたびに会長だった亡き父は「Bさんも教会に欠かせない人材である」と私たちに説き聞かせた。

Bさんは七歳から三味線と琴を習っていたこともあって、教会の月次祭では女鳴物《おんななりもの》を上手《じょうず》につとめていた。また、教会に来た子供たちとよく遊び、子供たちも「おばちゃん」と懐《なつ》いていた。

教祖百年祭の年、Bさんは六十七歳で出直した。遺品の中から、Bさんの兄が送付したハガキが見つかり、私はBさんの出直しを彼に知らせた。しばらくして、二人の男性が教会を訪ねてきた。Bさんの兄と弟だった。

Bさんのお兄さんは「妹がこの教会でお世話になっていたので、実は地元の教会からおぢば帰りをした」と話された。弟さんも「姉さんが天理教の教会にいると聞いていたので、私も天理へ行ったことがある」と。二人とも、それぞれ別席を運んだそうで、私は「Bさんが教会でお世話になることで、兄弟をお道へ引き寄せられたのだな」と思った。

父は、よく「人は大切、人は宝」と教えてくれた。

かつて〝はみ出し青年〟だった父もまた、こうした思いで丹精してくださった東中央《ひがしちゅうおう》大教会初代会長ご夫妻のおかげで、親神様の御用に足りる人に育てていただいたという。そして昭和十一年、教祖五十年祭の年の五月、明日から満州《まんしゅう》・新京《しんきょう》（現在の中国・長春《ちょうしゅん》）へ単独布教にとの理の親のひと声を受けて、数年後、当地で新設教会のご守護を頂いた。

「無縁社会」といわれるいまの時代、あらためてこの思いに立ち返り、お道の信仰を伝えさせていただきたい。


（立教174年10月23日号）

だん〳〵とこどものしゆせまちかねる
神のをもわくこればかりなり

四号 65

真実の教えに目覚め
世のため人のために

福田常男《ふくだつねお》
本鹿沼《ほんかぬま》分教会長

私たちが日ごろ拝する『おふでさき』のお歌は、ご存命の教祖の息づかいそのものであり、お側《そば》の方たちとの会話のようにつづられたものだといえよう。

そして、世界たすけの思召《おぼしめし》が深く刻み込まれたお歌の一首一首は、いまを生きる私たちの生きる営みと深く交ざり合って、心の成人を促すものであると感じる。

先年、肺がんを患うハワイ出身の五十代男性のおたすけに通ったことがあった。

心もとない英語で、お道の教えを説明するもどかしさを感じるなか、『おふでさき』の英訳版を差し出し、私の大好きなお歌である掲出の一首をお見せした。すると彼は、「こどものしゆせ」に当たる英文「awaken to the truth」を目にして、涙ながらに感激した表情を見せた。

この言葉は、日本語で「真実に気づく」という意味である。その一文が心の琴線にふれたらしい。それからは、「十全の守護」の説明などを熱心に聞いてくださった。あのときのことは、いまも忘れられない。

親神様の子供である私たちが、をやのお世話になっていることに跳ね起きるかのごとくに目覚めて、進んで世のため人のため、おたすけに励む姿を、親神様はどれほど楽しみに待ち望んでおられることだろう。「生かされ生きる」「かしもの・かりものの理」「おつとめの大切さ」……。真実の教えに目覚めて、初めて人さまを導くことができる。

朝、目が覚めた瞬間から、お教えいただく真実の心に適《かな》う自分であるかどうか――。親神様・教祖のお役に立てる一日にしたいと祈る毎日である。

（立教176年9月22日号）

このつとめなにの事やとをもている
せかいをさめてたすけばかりを

四号 93

月次祭を勤める尊さ わが子に伝え続けて

髙橋誠徳《たかはしせいとく》
稲川町《いながわまち》分教会長

今年の春季大祭の神殿講話で、真柱様は、掲出のお歌を含む「おふでさき」を引いたうえで、おつとめの大切さを諭された。

幼いころから、日々のおつとめもさることながら、月次祭を勤める尊さを、前会長である亡き父から教えられて育った。

教会長後継者のころ、父から「子供たちも教会の月次祭に参拝するように」と言われた。私自身、子供のころはそうしていたが、いざわが子も、となると、なかなか踏んぎりがつかなかなかった。

そんななか、小学一年生だった長男が、月次祭の日になると熱を出し、学校を休むという状況が三カ月も続いた。妻と談じ合い、校長先生に直接お願いしたところ、「欠席しないなら」という条件で快諾していただいた。

それ以降、子供たちは高校卒業までの間、月次祭の日は十二下りのてをどりまで勤め、午後の授業に間に合うように登校するのが決まりとなった。学校行事と重なるときは、そちらを優先させた。この決まりは、長男を筆頭に二男、長女、現在高校生の二女にも受け継がれている。

時に戸惑いや葛藤《かっとう》を覚える子供たちに、私は月次祭を勤める大切さと、教会の子弟として生まれてきたことの素晴らしさを、分かりやすく繰り返し伝えてきた。いま、上の子供三人は本部勤務者、「憩《いこい》の家」職員、学生として親里で暮らしている。彼らは月一回、三人そろって本部神殿へ足を運び、教会につながるようぼく・信者の思いを胸に、一カ月間のお礼とお願いのおつとめを勤めてくれている。

この道の教えの神髄は「人をたすけてわが身たすかる」。人だすけは自分自身の立場や知恵、力でさせていただけるものではない。親神様・教祖のお力添えがあってこそ、鮮やかなご守護が頂ける。教会長として日々のおつとめと月次祭を通して、世の人々のたすかりを願い、陽気ぐらしの姿を伝え広めたい。

（立教175年2月26日号）

にち〳〵に神の心のしんぢつわ
ふかいをもわくあるとをもへよ

四号 127

二男に見せられた節に一歩前進した日

町田《まちだ》一隆《かずたか》
縣東《あがたひがし》分教会長

昨年九月の自教会月次祭当日、祭典直前のことだった。神殿のほうから「すぐに来て！」と呼ぶ声がした。駆けつけると、生後一カ月の二男が力なく泣いていた。

その場にいた人の話では、立て掛けてあった机が倒れ、二男の頭の左部分をかすめたという。

見ると、左のこめかみ辺りに瘤《こぶ》ができていた。すぐに上級の会長がおさづけを取り次いでくださった。

添い願いの間、いろいろな思いが交差し、思わず不足の心が出てしまった。瞬間、尊敬するある先生から言われた「不足したらあかんで、不足したら身上に現れるで」の言葉が浮かんだ。

親神様にお詫《わ》びを申し上げると、大難を小難にお連れ通りいただいた喜びの気持ちが沸々《ふつふつ》と湧《わ》いてきた。

病院の診断では「頭蓋骨《ずがいこつ》が二つに割れて、ずれている」とのこと。

祭典を終えて早速、皆でねり合った。何も言えない赤ん坊を介してのお仕込みは、教会につながる者全員にとって、月次祭を勤める姿勢や日々の通り方などを深く反省し、自身の考え方を改め、いま一度、一歩前進する機会となった。

二男はその後、多くの方々の誠真実のおかげで、ずれていた頭蓋骨が元の位置に戻るという奇跡的なご守護をお見せいただいた。いまも元気に過ごさせていただいている。

教祖百三十年祭へ向かういまの時旬は、またとない成人の旬であり、自分の徳分以上の働きができる絶好の機会。私どもの教会では、二つの目標を掲げて活動を進めている。

悔いが残らないよう、教会が教会らしく、陽気ぐらしの発信基地としての役目を十分に発揮していけるよう、日々つとめていきたい。

（立教176年11月24日号）

をやこでもふう〳〵のなかもきよたいも
みなめへ〳〵に心ちがうで

五号 8

お道の教えをもって子供と親を導き育て

加世田《かせだ》 誠《まこと》
大島《おおしま》分教会前会長

私が理事長を務める保育園が昨年、全国私立保育園連盟から表彰された。長年にわたる地域保育事業の功績が認められたもので、歴代の保育士や職員をはじめ、関係者の方々のおかげと喜んでいる。

社会福祉の活動を志したのは、四代会長の亡き父の姿にふれたことがきっかけだった。若くして小学校の校長となった父は、教会長に就任後、周囲の声に推されて市長職を務めた。公人の身でありながら、カバンにはお道の本を詰め込み、病む人には進んでおさづけを取り次いでいた。

父は出直す前、私に「これからの社会は、福祉がますます必要になる。お道の者として社会に役立つ活動をすることも大切だ」と言い残した。この父の思いに応えようと、将来ある子供を育てるべく保育園を設立し、現在に至っている。

さて、私自身「子供の心を育てる保育」を方針にしている。掲出のお歌は、常に心に置いている一首。若い保育士を指導する際には、このお歌の意味合いを伝えている。

やんちゃな子、素直な子、泣き虫な子と、子供たちの個性はさまざま。

「魂は生き通し」とお聞かせいただくように、生まれくる子は先祖の生まれ替わりともいわれる。保育士には、自らの価値観にとらわれず、子供一人ひとりの言動から個性を学び取る大切さを教えている。また、保護者にも「親の姿は鏡のごとく子供へ映る。心豊かに過ごせるよう夫婦で語り合ってほしい」と話している。

「諭達第三号」に示された「陽気ぐらしに背を向ける世の動き」に鑑《かんが》みるとき、子供たちの育成はもとより、子供たちの親もまた、お道の教えで導き育てていかなければならないと痛切に思う。

（立教176年1月13日号）

みのうちのなやむ事をばしやんして
神にもたれる心しやんせ

五号 10

身上の不安のなか
出合った尊い一首

谷澤廉彦《たにざわやすひこ》
仲常《なかつね》分教会長

教祖百二十年祭の翌年秋のこと。あごにできた小さな皮膚がんを手術で切除後、確認のためのCT検査を受けたところ、腹部に腫《は》れが見つかった。診断の結果は「悪性リンパ腫《しゅ》」。担当医師の紹介で、がん治療最前線の病院で治療を受けることになった。

心中穏やかならず、悶々《もんもん》とした日々を過ごすなか、上級教会の朝づとめには欠かさず参拝した。

ある日、おつとめの後の『おふでさき』拝読で、上級の会長が「これは谷澤さんのためのお歌ですね」と示してくださったのが掲出の一首である。ちょうどそのころ、二度目の修養科講師のご命を頂いた。まさに合図立て合いの旬だった。大教会の役員先生から「つとめられるか」と再三連絡を頂いた。上級の前会長からは「骨は拾ってやるから、つとめさせていただきなさい」と背中を押され、心が定まった。

翌年一月、抗がん剤治療のため入院した。三週間の入院予定だったが、十日間で退院、通院による治療に切り替わった。

そして、修養科の教祖伝担当講師として、その年の五月から三カ月間、おぢばで過ごした。治療のため一日だけ授業を休んだが、抗がん剤による副作用や再発もなく、無事にお連れ通りいただいた。

神にもたれる大切さを、おぢばで講師としてつとめるに際して親神様が直々《じきじき》にお仕込みくださり、身をもって実感させてもらえたと、振り返って思う。

それだけに、このお歌は私にとって尊い一首である。

（立教177年8月10日号）

しんぢつの心を神がうけとれば
いかなぢうよふしてみせるてな

五号 14

部内教会設立の節目に真実のお働きを実感

吉田政彦《よしだまさひこ》
東松浦《ひがしまつうら》分教会長

二十年以上前のこと。沖縄・与那国島《よなぐに》にある所属の布教所に教会名称の理を頂いた。

与那国島は日本最西端の島で、石垣島《いしがき》から西に約百二十キロ、台湾から東に約百キロに位置し、当時の人口は二千人を超えたくらいの小さな島である。

那覇空港で石垣経由与那国行きの飛行機に乗るために搭乗手続きをしていた際、石垣から与那国への朝の便が欠航していると知らされた。そこで、会長であった父のもとへ報告に行ったが、父は平然と私の話を聞き流した。再度、事の重大さを伝えようとする私に、父は「お運びのとき、真柱様は『願い通り、すみやか許す』とおっしゃった。心配いらん」と言いきった。

そうは言われても、三月の強い季節風で離着陸ができずに便が欠航しており、なかなか落ち着かない。

その後、午前中の二便が欠航になったことが分かった。私たちは三便目を予約していた。石垣島に着くと、私の心配をよそに、条件つきだったが三便目は予定通りに飛び立ち、三十分余りの飛行で与那国空港に到着した。

その晩、無事に親神様・教祖をお祀《まつ》りさせていただき、翌日の奉告祭の準備を終え、近くの旅館で食事を取った。近くの席で食事をしていた近所の方々の話題は、「今日は天理教の神様が乗った飛行機だけが着いたなあ」であった。最終便も欠航していたようだ。

おたすけいただいた喜びから、どうしても親神様の神名をこの地に広めたいと、にをいがけ・おたすけに励んだ方、その思いを受けて教会を設立した方、それに関わる大勢の方々の真実に、親神様は余りあるお働きをお見せくださったのだと感じ入った。

ようぼくとして教会長として、この経験を支えにつとめさせていただいている。

（立教177年6月1日号）

しやんして心さためてついてこい
すゑハたのもしみちがあるぞや

五号　24

親々の道を思い身に染みる「頼もし道」のありがたさ

志賀《しが》道雄《みちお》
堀江《ほりえ》分教会長

志賀の家は代々、男が育たない家系であった。初代会長は養子に入り、家督を相続すると、重い肺病を患う。医者から不治の宣告を受けたが、三日三夜のお願いを契機に不思議なご守護を頂き、教会を設立した。

祖父も養子に入り、志賀家の人となる。教祖五十年祭に向けて懸命につとめたが、年祭の前年に結核で出直した。享年三十七歳。手記には「自分一代は報いられることを求めず、理を伏せ込むのだ。どれだけいんねんが深いか分からない」との一節が残されていた。

父も養子に入り、会長に就任すると、やはり結核になった。医者は「三年もたない」と。大教会長様がおたすけに通ってくださり、父は「大教会に通い常詰する」と心を定めた。毎日、這《は》うように大教会へ運び、薄紙を剥《は》ぐようにご守護を頂く。教会が移転してからは、定期を買って日参した。

掲出のお歌は『天理教教典』第六章「てびき」の章末に記されている。教典は全十章。前半は〝教理篇〟、後半は〝信仰篇〟である。信仰は、身上・事情という親神様のお手引きから始まる。

このお歌には、身上・事情の答えが記されている。「末は頼もし道があるぞや」である。

そこに至るには、三つの前提がある。まず身上・事情にこもる親神様の親心を「思案する」。次に「心を定める」。そして「ついていく」。すなわち、実行と継続である。

私は今月、還暦を迎えた。弟は養子に行き、教会長になっている。親々の道を思うとき、ありがたさが身に染み、感無量である。

（立教176年2月17日号）

ちかみちもよくもこふまんないよふに
たゞ一すぢのほんみちにでよ

五号 30

「根のない花」の意味求め ひたすら歩いた布教師時代

吉岡孝之《よしおかたかゆき》
近愛《きんあい》分教会長

二十代半ばのころ、教祖百年祭三年千日活動の二年目に、大教会の青年づとめを終え、北陸の地へ単独布教に出た。

右も左も分からないまま、二週間の野宿を経て、ようやく雨露をしのげる場所をお与えいただいた。しかし、その後は毎日歩いても全くにをいは掛からなかった。

どうにか近所の方に半ば無理やり頼み込んで、おぢば帰りをしていただいた。本部神殿で参拝し、別席を運んでもらい、自教会でのお礼参拝を終え、布教地へ戻ろうというとき、当時会長だった父からこう言われた。

「根のない花は、すぐに枯れてしまうで」

その言葉の意味を解することなく、私たちは帰途に就いた。そして、その方に「来月もお願いしますね」と言うと、「大和《やまと》見物もできたし、もうこれで十分」と言われ、愕然《がくぜん》としながら後ろ姿を見送った。

私は、父の言う「根のない花」の意味するところを考えながら布教に歩いた。そのうちに「この道は、苦労と伏せ込みの理づくりが一番大切だ」と気づいた。

それからは、結果はどうあれ、苦労を求めてひたすら歩いた。果たして三年後、一人のようぼくをお与えいただいた。その方は、布教地の講社を長年にわたって支えてくださった。

「根のない花」とは、近道を求めて結果ばかりを考えていた私自身の心であった。苦労の伴わない楽々の道では決して物事は続かないということを、この経験から教わった。

教祖百三十年祭へ向かう大切な時旬。単独布教のころを思い起こし、苦労と伏せ込みの理を求め、一歩ずつ道を歩んでいきたい。

（立教176年11月3日号）

はや〳〵としやんしてみてせきこめよ
ねへほるもよふなんでしてでん

五号 64

根を掘る努力を促される
親神様の叱咤激励に奮起

長尾輝一《ながおこういち》
仙徳《せんとく》分教会長

掲出のお歌には、親神様の真意を深く知るために、どうして一歩踏み出そうとしないのかという意味が込められているように思う。しかし私には、こうも聞こえる。

「君はいつも表層だけを見て分かった気になってしまう。だから下手《へた》な悟りやお諭しをして、大きな誤解と間違いを生んでしまうのだ」と。

確かに、おたすけの現場で、物事の現象だけを見て本質を捉《とら》え損なったり、枝葉末節に流れて、根の部分を見失ってしまうことも少なくない。

かつて、性同一性障害の男性から相談を受けたことがあった。そのときは知識も浅く、私より男らしい風貌《ふうぼう》の彼が、なぜ〝女性化〟しているのか理解できなかった。男として目覚めてもらおうと話したが噛《か》み合わず、彼は二度と相談に来ることはなかった。

その後、同じ悩みを抱える別の男性を導くことになったときは、以前の反省を踏まえて「あなたはあなたらしく生きていけばいい」との思いを込めて教えを説いた。

「根を掘る」とは、一見して〝異質〟と捉えがちな事柄、または短所などを暴くことではない。元初《もとはじ》まりの根本の理（元のいんねん）を見据え、生かされている意味の深さと、えも言われぬ人生の喜びを味わうことだと思う。

私は、このお歌から始まる「根を掘る」についての一連のお歌が好きだ。とりわけ、このお歌の「なんでしてでん」という親神様からの叱咤《しった》激励に「諦《あきら》めるな、まだまだこれから」と心を奮い立たせるのである。

（立教173年2月7日号）

これからハなんでもせかい一れつを
いさめるもよふばかりするそや

五号 68

障害のある子を持つ親と成長の変化を喜び合う

新田恒夫《にったつねお》
蘇我町《そがまち》分教会長

振り返れば、これまでいろいろなことにつまずき、心を倒してきた。大きなつまずき、小さなつまずき……。そのたびに、心は波打った。二十数年前、長女に障害があることが分かり、大きく心を倒して喜べない日が続いた。そのとき、私の信仰の師は「あなたには、あなたの役割がある。あなたには、あなたにしかできないおたすけがある」と、心勇ませる言葉をかけてくださった。

私の役割、私にできるおたすけとは――。

自らに問いかけた。たどり着いた答えは、私と同じ立場にある、障害のある子供を持つ親に元気になってもらうことだった。

実際に出会った親たちは、皆一度はつまずき、心を倒していた。なかには、子供のことがきっかけで、家庭が崩壊したという人もいた。

私のおたすけのテーマは「障害のある子供を持つ親に、どうしたら勇んでもらえるか」に決まった。

障害のある子供は、成長の変化が分かりにくい。成長の速度がゆっくりで、うっかりすると、その変化を見逃してしまう。

いま心がけているのは、親と共に子供の小さな変化に目を向け、その変化を喜び合うという姿勢だ。

障害のある子供は、なんのために生まれてくるのか――。その問いに、私は「みんなで共に陽気ぐらしをするために生まれてくる」と答えたい。人間は陽気ぐらしをするために生きている。これからも小さな変化を拾い集め、多くの人と喜びを分かち合いたい。

をやは、子供を勇ませたいと思召《おぼしめ》されている。そのお手伝いをさせていただけるように成人したい。

（立教176年8月4日号）

いかほどにむつかし事とゆうたとて
わが心よりしんぢつをみよ

五号 76

世界揺るがせた事件機に
信仰者の歩み確信して

西岡道洋《にしおかみちひろ》
錦生《きんせい》分教会長

十年前の九月十一日、米国同時多発テロ事件が発生した。多くの国の尊い命が一度に奪われるという大惨事。同じ時代を生きる者として、ただただ申し訳ないという気持ちと「なぜ、こんなことが起こるのか」という不安が交錯した。

そのころ、朝づとめで『おふでさき』第五号を拝読していた。

　をやこでもふう〳〵のなかもきよたいも

　みなめへ〳〵に心ちがうで　（五号　8）

元初《もとはじ》まりの話に、親神様は、泥海中のどじょうを皆食べて、その心根を味わい、人間の種とされた、とある。だからこそ、子供である人間は性格も特性も違う。その違いを認め、尊重し、たすけ合って暮らすことを親神様は望まれていると思った。

その数日後に拝読したお歌の中には、

　せかいぢうをふくの人てあるからに

　これすまするがむつかしい事　（五号　75）

とあった。

世界には、他宗の人もいれば、宗教に無関心な人もいる。そうした人々に親神様の思召《おぼしめし》を伝えるのは容易ではない。深く長く信心を続けることが大切であろう。しかし、いつになれば陽気ぐらしは実現されるのか――。その思いを見透かされるかのように、掲出のお歌が目に飛び込んできた。

世界たすけ、と大きく考えると、現実の厳しさと自身の非力さに尻込みをしてしまう。しかしその第一歩は、ほかでもないわが心の真実からだと悟ったとき、親神様は心次第でどんな中もお連れ通りくださるのだと、勇み心が湧《わ》いてきた。

世界たすけの遠大な志と、足元を見つめて地道に歩む大切さを仕込んでいただいた、ありがたいお歌である。

（立教174年9月11日号）

この心すむしわかりた事ならば
そのまゝみゑる事であるなり

五号　77

わが身に示して通った
前会長の姿を偲んで

山本正雄《やまもとまさお》
愛宕《おたぎ》分教会長

いまから二年前、前会長である義父の皮膚がんが再発した。その前年に手術を受けたとき、医師は「余命六カ月」と宣告した。前会長は教会へ戻り、教会家族で介護することになったが、容体は比較的安定していた。

再発後も前会長は、自教会はもちろん、大教会の月次祭にも参拝していた。また、学生のころ、二代真柱様のお引き寄せで、住み込み青年として真柱宅のお玄関の御用を務めていたことがあり、そのご恩に報いたいと、本部月次祭の日には、お玄関へごあいさつに伺っていた。それは出直す前の月まで欠かすことなく続いた。

前会長は八十二歳で身上をお返しした。教会神殿の老朽化から、神殿修築と屋根葺《ふ》き替えの普請を進めていたさなかのことだった。最後まで一信仰者としてつとめ上げたことに、私たち家族はもとより、教会につながるようぼく・信者も確かなご守護を実感した。

普請の準備に奔走していたころ、私は心労で入院した。不甲斐《ふがい》ない姿だったが、前会長は何も言わず温かく見守ってくださった。

振り返れば、サラリーマン家庭の長男として生まれ育ち、結婚を機に教会へ養子に入った私は、前会長から直接お仕込みいただくことはなかった。だが、教会長としての通り方、ぢば一条に通ること、親にもたれることの大切さを、自身の姿を通して私に教えてくださったのではないかと思う。

先日、天理大学へ通う長男が「卒業後は、大教会青年として伏せ込む」と約束してくれた。前会長の介護にあれこれ尽くした彼もまた、前会長からお道の素晴らしさを仕込んでいただいたようだ。

（立教173年8月29日号）

このよふのもとはじまりのねをほらそ
ちからあるならほりきりてみよ

五号 85

二人の師との出会いから多くの〝信仰の宝〟頂く

永関正元《ながせきまさもと》
砂川《すながわ》分教会長

私には二人の師がいる。祖母や両親、義理の父母に導かれ、信仰の礎《いしずえ》を築いた私は、その二人の師との出会いを通して、一層信仰を深めることができた。

出会いのきっかけは六年前、本部教化育成部主催の第一回「教会長おやさと研修会」で世話係の御用を頂戴《ちょうだい》したことから。

その研修会で講師を務めておられたのが、岡田悟《おかださとる》先生（甲賀《こうが》大教会役員）と、松谷武一《まつたにたけかず》先生（南華《なんか》分教会前会長）だった。

当時、岡田先生は「元の理」、松谷先生は「ひながたをたどる」の講義を担当されており、私は世話係として受講者と共に講義を聴いた。

掲出のお歌にもある元初《もとはじ》まりの〝根〟を掘ることと、教祖のひながたにこもる親心を学ばせていただくこと。この二つを通して、をやの思いに少しでも近づく大切さを教えていただいたように思う。

いまも『おふでさき』を拝読していて、「もとはじまり」「もと」「ね」というお言葉が出てくるたびに、泥海の中から人間世界をお創《はじ》めになった親神様の思召《おぼしめし》に思いを馳《は》せる。その都度、どのように思召に向き合えばいいかと思案し、自らの通り方を省みる。

会長になって二十六年、あのとき御用をお与えいただいたからこそ現在の信仰がある。世話係の御用を務めた三年間で、多くの〝信仰の宝〟を頂いたと、つくづく思う。

教祖百三十年祭へ向かう三年千日、教祖に少しでもお喜びいただくためにも、〝根〟を掘り続け、成人の道を歩ませていただこうと心を引き締めている。

（立教176年6月23日号）

にち〳〵にすむしわかりしむねのうち
せゑぢんしたいみへてくるぞや

六号 15

長女の身上に懊悩《おうのう》した夏
心定めて教会長の道へ

川尻治彦《かわじりはるひこ》
新舞鶴《しんまいづる》分教会長

十三年前の八月一日。私たち家族五人は、妻の実家の高知県から、一路おぢばへ向かっていた。

途中、どこかのお祭りだったのか、大きな打ち上げ花火が鮮やかに夜空を彩っていた。だが、その美しい光景にも華やいだ気分にはなれなかった。

六月に生まれた長女の心臓に先天性の障害が見つかったばかりで、暗澹《あんたん》とした気持ちに覆われていたのだ。その日は、奇《く》しくも私の三十九歳の誕生日であった。

荒い息をする幼子を抱いて、私たちは本部神殿の回廊を歩き、娘の行く末を案じた。

その後、夫婦で話し合い、後継ぎがいなかった現在の教会をお引き受けしようと心を定めた。長女の手術は無事に成功し、結構にお連れ通りいただいて、多少の運動制限はあるものの随分と元気に育ってくれた。

「この子は、親孝行な子供に育てなければならない」。これは、障害のある子を育てていた方が、とある先生に教わった言葉という。

つまり、親孝行が、子供が親を喜ばせることであるならば、子供がほんの少しでも進歩したことを親が喜んでやるだけで、その子は親孝行ができたことになる。そしてそれは、子供にとっても徳積みになるのだと。

おかげで、長女は今年、中学校へ進んだ。吹奏楽部でフルートを始め、週末はバドミントンを楽しみ、この夏には少年ひのきしん隊に参加してくれた。随分と親孝行な子供に育ってくれたものだ。

あの夏の日、夜空に開いた大輪の花火は、娘のことを案じるあまり、心を倒しそうになっていた私たち夫婦を勇ませようと、親神様がお見せくださったのかもしれない。その輝きは、いつしか私たち家族の道しるべとなって、今日まで導いてくださったのだろう。

（立教175年9月9日号）

このあかいきものをなんとをもているなかに月日がこもりいるそや

六号 63

教祖殿で確信した奇跡的なたすかりの姿

森口清和《もりぐちきよかず》
城長《しろなが》分教会長

昨年の春のこと。おぢば帰りの途中、教会所属のようぼく青年が仕事先の事故で重傷を負ったという連絡が入った。

彼は修養科を了《お》え、船舶修理の会社にアルバイトとして勤めていた。その日、重さ十トンのエンジンを吊《つ》るしていたチェーンが切れ、下にいた彼にエンジンが落ちてきた。反射的によけたが、背中に接触して背骨が折れたとのことだった。

一度、病院へ緊急搬送されたものの、処置が難しいということで総合病院へ移され、すぐに手術を受けることになった。医師からは「九九パーセント、車いすの生活になる」と告げられたという。

私は天理に着くなり、すぐに本部神殿へ向かった。彼の無事を祈りつつ、参拝を済ませて教祖殿へ。そこで偶然、真柱様のお姿を拝見した。その瞬間「たすけていただける！」と確信した。

妻に連絡し、彼の両親には、手術の時間に合わせて教会でお願いをさせていただくようにと伝えてもらった。その時間に、私も本部神殿で彼のたすかりを願い祈った。

手術は無事に成功した。医師は「歩けるようになるかならないかは分からない。あとは神様の世界」と話していたが、その後、彼は奇跡的な回復を遂げ、普通に生活できるようになった。職場へも復帰し、正社員となり、結婚もした。この秋の大祭には、夫婦でおぢば帰りすることを約束してくれている。

「九九パーセント、車いすの生活」と言われた彼だが、残り一パーセントの可能性をもってご守護いただいた。あの日、教祖殿で直感した「たすかり」を思うとき、掲出のお歌が胸に迫るのである。

（立教177年8月31日号）

月日よりたん〳〵心つくしきり
そのゆへなるのにんけんである

六号　88

毎朝唱える「元の理」に親心への感謝込めて

咲摩定夫《さくまさだお》
歌島《うたじま》分教会長

大学卒業後、すぐに養子に入ったが、青年づとめなどで、ほとんど教会にはいなかった。そして養父の出直しにより、何も分からぬまま二十六歳で教会長となった。それは教祖百年祭の五年前の昭和五十六年一月二十六日、「諭達第三号」発布の日のことだった。

新米教会長の縋《すが》ったものは、「理の親」と「つとめ」だった。

本部月次祭前日の二十五日になると、大阪の教会からおぢばまで、夜通しの十三峠越《じゅうさんとうげ》えを繰り返した。その間、なかなか覚えられないながらも「元の理」の暗唱と、その理解に努めた。「『元の理』なくして『かぐらづとめ』は理解できない」と考えたからだ。

やがて、教祖ご誕生慶祝旬間の期間中に行われるおつとめ（当時、四月十八日から二十七日まで毎日かぐらづとめが勤められた）に、連日参拝させていただくことを決意し、毎朝三時に起きて教会を出発することにした。

その六日目のこと。いつものように結界前で一心にお歌を唱和していた。すると、突然「元の理」の内容が頭の中を駆け巡り始めた。かと思うと、目の前の真座一面に、雲のようなものが湧《わ》いてくるように感じた。

元初《もとはじ》まりの世界は、このようであったか。こんなにご苦心くださったのか。ありがたいなあ、もったいないなあ――。そう思った途端、涙があふれて止まらなかった。

その夜、湯船に浸《つ》かりながらその日の感激を思い返し、何げなく「元の理」を唱えてみたら、初めて最後までよどみなく暗唱できた。不思議にも、それ以後、忘れることはなくなった。

『天理教教典』第三章「元の理」で、元初まりのお話の最後に出てくるのが掲出のお歌である。あの日以来、毎朝「元の理」を唱え、このお歌と共に私の一日が始まる。

（立教175年9月2日号）

いま、でハやまいとゆへばいしやくするり
みなしんバいをしたるなれども

六号　105

身上・事情に込められた をやの思いを求めて通る

宮里《みやざと》　剛《つよし》

桃原《とうばる》分教会長

教祖が現身《うつしみ》をおかくしになってから百二十五年になる。

先人たちが教祖を思い、命懸けで布教に明け暮れた当時と比べて、いまは平均寿命は長く、衣食住も結構になった。

しかし、毎日ありがたい生活を送らせていただいていても、世上に身上

・事情は絶えない。

医学が発達する中で病気になれば医者・薬を頼りにし、ようぼくであっても、医者から匙《さじ》を投げられて、ようやく神様を求めるということがありはしないか――。そう考えるとき、掲出のお歌を思い出す。

ある男性信者が四年前、がんの身上をご守護いただきたいと修養科を志願した。医者からは「治療に専念したほうがいい」と言われながらも、「おぢばで出直したら本望だ」と日々通った。すると、初めは車で送迎されていたのが、三カ月目には、詰所から修養科まで約二キロの道のりを歩いて通えるまでにご守護いただいた。

修養科に入る前は、入院先の病院から毎朝おぢばの方角を向いておつとめを勤め、車いすで病室を回っては、患者たちにおさづけを取り次いでいた。その姿はまさに、親神様がお受け取りくださる誠真実の心によるものであったと思う。

男性は修養科を了《お》えて二年後、がんの転移によって出直した。しかし、身上はお返ししても、魂はたすけていただいたものと確信している。

教祖百三十年祭に向かう時旬。「いきてをどりでみなたすけるで」（六号106）とお諭しくださるをやの思いを心に刻みつつ、これまでにも増して、身上・事情に悩み苦しむ人に寄り添い、おつとめの励行とともに、一人でも多くの方へのおさづけの取り次ぎにいそしむべく、気を引き締め直している。

（立教175年4月15日号）

どのよふなむつかしきなるやまいでも
しんぢつなるのいきでたすける

六号 108

常に誠真実を問いかけ〝たすけの旬〟に勇む

川戸勝治《かわとかつじ》
太秦《うづまさ》分教会長

一昨年の暮れ。教会の大掃除を終えた日の夜遅くに電話が鳴った。所属の女性ようぼくからだった。

彼女は、嫁ぎ先に神実様《かんざね》をお祀《まつ》りし、講社祭を勤めていた。しかし、家庭の事情や夫の反対もあって、そのころは教会から足が遠のいていた。

「孫が大学の部活動中に頭を強打しました。病院で検査を受け、いま自宅で安静にしていますが、吐き気やけいれん、頭痛に苦しんでいます。勝手なお願いですが、神様にお願いしてもらえないでしょうか」

受話器の向こうの切実な声に、ふと「これは、親神様が私に、人をたすける心があるのかどうかを試されているのでは……」との思いが頭をよぎった。すぐにバイクで彼女の自宅へ駆けつけ、苦しんでいるお孫さんにおさづけを取り次いだ。

その後、当人は薄紙を剥《は》ぐように快方へ向かい、数カ月後には学業に復帰することができた。

こうした節をお見せいただくたびに、親神様・教祖の先回りのお導きを感じる。

以前、ある先生が次のような話を聞かせてくださった。

「いまの人たちは、食べたいものを食べて、着たいものを着て、行きたい所へ行って、残ったもので神様にお供えをする。結局は、わが事第一になっているように思う。昔の人は、自分は食わずとも『神様や、教祖や』と言うて一生懸命に尽くし運ばれた。それが真実というものやないか」

教祖百三十年祭へ向かういまは、成人の旬であり、たすけの旬。道の先輩のこの言葉を、自らを戒め勇ませる糧《かて》として、誠真実の心をたたえているかと常に自らに問いかけながら、をやの思いに少しでも近づけるよう、努力させていただきたい。


（立教176年8月25日号）

とのよふな事をするのもみな月日
しんぢつよりのたすけ一ぢよ

六号 130

親々の声を素直に受け
心を定めて歩み進める

小嶋《こじま》教弘《のりひろ》
敬神《けいしん》分教会長

平成六年、私たち夫婦に初めての子供が授かって喜んでいた矢先、主治医から「障害のある可能性がある」と、染色体検査を行うよう告げられた。頭の中が真っ白になりながらも、そのことを両親に報告すると、すぐに大教会長様に理のお仕込みをお願いすることになった。

大教会長様は、自身の子供の身上の際、心定めをしてご守護いただかれた話をもとに「大丈夫、心配するな。ご守護を頂く。おまえたちも一つ、心定めをさせてもろたらどうや」と背中をたたいてくださった。力強い言葉に「たすけていただいた」と心から感じ、一転、晴れやかな気持ちになった。

不思議にも、その日を境に、それまで受けつけなかったミルクが五ccほど管を通して娘のおなかに納まった。翌日は倍の量が納まり、家族で万歳したのを、いまでもはっきりと覚えている。

ほどなく本部の秋季大祭が執り行われた。当時の真柱様のお言葉を漏れなく聴かせていただこうと臨んだ神殿講話。最後に、真柱様が挙げてくださったのが掲出のお歌である。そのお言葉に夫婦そろって涙があふれ、感謝の思いで胸がいっぱいになった。

今日までの道、親々から温かい心をおかけいただく中で、与えを喜ぶ心をつくらせていただいたように思う。知的障害のあるわが子を持ったからこそ、学ばせていただいたことは多くある。

両親の立ち姿から学び、〝理の親〟の声を素直に受け、結果を気にすることなく通る中に勇み心が生まれる。

その結果、なんとも温かい親心が表れた姿を見せていただけるのだと思う。今後も親の理、理の声を受け、しっかりと心を定めて歩ませていただきたい。


（立教175年6月3日号）

たいないゑやどしこむのも月日なり
むまれだすのも月日せわどり

六号 131

宿し生み出す月日の働き
感謝の心を周囲に広げたい

蔦《つた》 直良《なおよし》
尾乃岐《おのぎ》分教会長

いまから二十五年前、二十歳《はたち》のころだ。

ある事故を起こした私は、長期の入院生活を余儀なくされた。骨盤骨折、膀胱《ぼうこう》、尿道の断裂を含む内臓損傷などの大けが。それが、数々の奇跡的なご守護を頂戴《ちょうだい》し、段々と回復させていただいた。

ところがあるとき、担当医から両親に「息子さんの子供は諦《あきら》めてくださ
い」と宣告があった。事故の状況から考えれば、厳しくも納得するしかな
い現実であった。

その後、結婚したいと思う女性が現れた。事故のことを二人で話し合い、
お互いに承知したうえで一緒になった。

結婚して十年余り。現在、男女二人ずつ四人の子をお与えいただき、教
会生活を送っている。

最初の子供を授かったとき、両親はもとより、当時の状況を知る周囲の
人たちが、わが事のように喜んでくれたことを鮮明に覚えている。

母子ともに無事に生まれてくるのは、決して当たり前のことではなく、
すべて親神様のお働きがあってこそ。人生のスタートは感謝から始まる。

つまり、子供は感謝の塊《かたまり》であり、象徴でもある。

結構な毎日を送らせていただく中で、ご守護を当たり前のように感じてしまいがちな自分を反省する。

と同時に、生まれてきてくれた子供に、そして自分を生み育ててくれた親々に、あらためて感謝の気持ちが湧《わ》いてくる。

「天地抱き合わせの理を象《かたど》る夫婦をはじめ、己《おの》が家族の在《あ》り方を正し……」と、「諭達第三号」にお示しいただく。教祖百三十年祭へ向かう三年千日、家族一人ひとりに感謝の心を持ち、喜びの日々を送り、周囲に陽気ぐらしの輪を広げていきたい。

（立教176年8月18日号）

このきいもたん〱月日でいりして
つくりあけたらくにのはしらや

七号 17

わが子の流産を〝生き節〟に夫婦で少年会活動に励む

中瀬古芳伸《なかせこよしのぶ》
川俣《かばた》分教会長

三十七年前、妊娠五カ月の妻が流産した。折しも、加見兵四郎《かみひょうしろう》・東海《とうかい》大教会初代会長の入信百年記念祭当日の出来事だった。

退院後、夫婦で大教会へ参拝すると、大教会の親奥様から「教会を預かる者は、わが子だけを育てようという小さな心では、自分の子供は育たないよ。夫婦のつとめが親神様へ届いたら、流産した子は必ず、もう一度戻していただけるよ」と諭された。

悲嘆に暮れていた私たち夫婦には、あまりにも厳しいお言葉に思えた。

その夜、二人で話し合った。この悲しい出来事を〝生き節〟とするには、どうすればいいのか。夫婦で力を合わせて臨むべき御用とは何なのか――。

思い悩んだ揚げ句、ふと心に浮かんだのが掲出の一首だった。

「少年会員を一人でも多く集めて、将来、教会になくてはならない〝柱〟となるようぼくを育てさせていただこう」

早速、部内の教会・布教所につながる信者子弟はもとより、地域の子供たちへも呼びかけて、昭和五十二年五月五日、教会で少年会総会を初開催した。

以来、毎年「こどもの日」に合わせて総会を開き、その二カ月前からは、毎週土曜日に「おつとめ練習会」も実施している。

やがて地域の子供たちも大勢参加するようになり、いまでは百人以上の子供たちが集まるまでになった。

当初の少年会員の中には、教会の婦人会、青年会の活動に率先して参加し、少年会員の育成にも力を尽くしてくれている者や、教会長となった者もいる。

わが子の流産という節を頂いた私たち夫婦は、その後、三男二女を授けていただき、九人の孫にも恵まれた。これも、あの日、親奥様から頂いた厳しくも優しいお言葉のおかげと感謝している。

（立教173年6月6日号）

しんぢつに心さだめてねがうなら
ちうよぢざいにいまのまあにも

七号 43

教会長として四半世紀
お歌と共に歩む信仰生活

上谷《うえたに》一文《かずふみ》
春勢《しゅんせい》分教会長

平成元年に会長就任のお許しを頂いて、はや二十四年目を迎えた。振り返ると、私自身の真実の足りなさから、をやにもどかしい思いをさせてばかり。そんな中も、掲出のお歌を心に抱き、ここまでお連れ通りいただいた。

二十五年前、就任に向けて勇み心で通るなか、ある女性信者が危篤《きとく》状態に陥った。当時、三十にも届かない若輩者の私が、どう声をかけさせていただいたらいいかと思い悩むなか、ふと頭に浮かんだのがこのお歌だった。お歌と共に私の思いを伝えたところ、親戚《しんせき》一同は教会設立の心を定めてくれた。そして彼女は無い命をおたすけいただき、教会長として生まれ変わったのである。

その後も、身上・事情のおたすけ、教会の節々などには、いつもこのお歌にたすけられ支えられてきた。

上級教会の記念祭を目指して、人も土地建物もないなか、心定め一つから教会を設立させていただいたときなど、教祖年祭や記念祭といった節目へ向かう際の心構えは、常にこのお歌にあった。神殿普請の準備段階で古い役員一族が教会から離れてしまったこと、片腕として信頼していた信者が身上を苦に自ら命を絶ってしまったことなど、通り難い節もあったが、その都度支えとなり、心を奮い立たせてくれたのも、このお歌だった。

昨年の秋季大祭神殿講話で、真柱様が「ようぼくの三信条」についてお話しくださって以来、外出時に『おふでさき』をかばんに入れて持ち歩くようになった。教会が姫路《ひめじ》港から船で三十分ほどの島にあり、移動時間に拝読するためだ。

親神様・教祖のあふれんばかりの親心を感じる大切な時間であると同時に、通読を重ねるうちに、七号43の一首が巡ってくるのを心待ちにしている自分に気づく。まさに、このお歌と共に歩む信仰生活である。

（立教175年3月18日号）

しんぢつの心あるならなにになりと
はやくねがゑよすぐにかなうで

七号　46

教会と家族が一つになれば心次第のご守護が頂ける

佐々木正明《ささきまさあき》
由利《ゆり》分教会長

お道の先人たちが歩まれた時代と比べて、現在の私たちが恵まれ過ぎているからか、以前は心のどこかで「昔のような不思議なたすけは、なかなか現れないのではないか」という意識を持っていたように思う。

七年ほど前、北海道で暮らす高齢の女性布教所長が、床ずれを起こしたことをきっかけに足が腐り、右足の切断を余儀なくされた。

親の信仰を受け継いでいる娘さんから「会長さん、母をたすけてくださ い」と電話をもらった。おたすけ人として、まだまだ未熟だった私は、一時茫然《ぼうぜん》とした。それでも、まずはお願いづとめを勤め、自分なりの心定めをさせていただいた。

その後、北海道へ赴《おもむ》き、娘さんにも心定めをお願いした。そして病床の女性と対面したとき、直前まで何を話そうかと迷っていたはずなのに、不思議にも「切断する必要はありません。必ずたすかります」という確固たる言葉が出てきたのである。

いまでも「よくも、あんなことを言えたものだ」と思うが、それで私と女性の家族の心が定まったような気がする。そして、おさづけを取り次ぎ、秋田にある自教会へ戻った。

不思議なことに、その後、布教所長の足のただれは次第に乾き、全快のご守護を頂戴《ちょうだい》した。

拙《つたな》いおたすけの経験ではあるが、不思議なご守護を頂く方のほとんどが「会長さん、なんでも実行しますからたすけてください」と、はっきりお願いされているように思う。そして、もう一つは、教会と家族の心が一つになったときに、心次第にどのようなご守護もお見せいただけるのだということを、あらためて確信する次第である。


（立教176年11月17日号）

しんぢつの心あるなら月日にも
しかとうけやいたすけするぞや

七号 84

「布教の家」寮生の姿に一途な〝たすけ心〟見る

髙橋道嗣《たかはしみちつぐ》
香取《かとり》分教会長

「布教の家」千葉寮の寮長を務めて三年目になる。今年は六人の女子寮生が、毎日にをいがけ・おたすけに励んでいる。

彼女たちは一年間、右も左も分からない土地でにをいがけに歩く。最初は、断られたり追い返されたりするが、そこを通りきる中で、地域の人たちと顔見知りになっていく。そうして、お道の話を聞いてくださる人や、おぢば帰りをしてくださる人をお与えいただくのである。

ある寮生の話だ。入寮一カ月半後、初老の婦人ににをいが掛かり、おさづけを取り次ぐことができた。その婦人は生活困窮者で、家賃も払えず、電気やガスも止められて食事もできず、飢えで衰弱をしていた。近所の人の話では、他者が介入できないトラブルを抱えているようだった。

私は心配して、寮生に婦人と関わらないように話した。しかし、彼女は一歩も引かず、「なぜ分かってくれないんですか」と大粒の涙をこぼして訴えた。

ハッとした。人にたすかってもらいたいとの一途《いちず》な思いで布教の道中を歩んでいる寮生に対し、心ないことを言ったと申し訳ない気持ちでいっぱいになった。そこで、「できる限りのことをさせていただこう」と伝え、婦人が安心して暮らせる手だてとして、生活保護の申請を出すことにした。

その後、寮生が婦人宅へ通う中で、行政が動き、地域の民生児童委員が婦人宅を訪問してくれるようになった。婦人は栄養失調で意識不明のところを発見され、緊急入院して一命を取り留めた。もし、そのまま誰《だれ》にも相手にされないでいたら、孤独死の可能性もあった。信仰へ導くまでには至らないものの、教祖のお導きにより、大きなたすけにつながったと思う。

教祖百三十年祭活動の時旬、寮生たちのようにどんな中であろうと、おたすけの心をしっかりと定めて歩ませていただく。そんな三年千日でありたい。

（立教176年10月13日号）

なにもかもよふきとゆうハみなつとめ
めづらし事をみなをしゑるで

七号 94

鳴物に向き合う姿勢が自身の信仰姿勢の基盤に

谷川清彦《たにかわきよひこ》
岡道《おかみち》分教会長

高校卒業後、道一条の心を定め、右も左も分からぬまま、当時、教会長だった祖父に必死についていった。

祖父が、谷川家の信仰の元一日について語ってくれたことがあった。教祖の親心、お道の素晴らしさに感動した私は「教会は願い出ておぢばからお許しを頂き、おつとめを勤める所である」と強く感じた。そして「親神様にお勇みいただき、教祖がお喜びくださるおつとめをさせていただきたい」と思った。

それまで、地方《じかた》をつとめるときは、ただ声を張り上げているだけだった。そうすると、だんだんと声が低くなっていく。陽気に勤めることができていなかった。

ある方に鳴物《なりもの》のことで相談すると「お道具を大切にしてください」と言われた。ハッとした。会長である祖父が、いつも「かしもの・かりものやな。ありがたいな。結構やな」と、仕込んでくださったのを思い出したのだ。

考えてみると、おつとめ衣《ぎ》はクリーニングに出して手入れをしているのに、鳴物については、ほとんど手入れができていなかった。教会の鳴物を見ると、三味線の上駒《かみこま》は外れていて、糸もいつ張り替えたのか分からない。胡弓《こきゅう》の弓毛《ゆみげ》や、小鼓もボロボロだった。

後日、先の方のもとへ三味線を持っていった。上駒を付けてもらい、三味線の仕組みについて教えていただいた。そして「片づけるときには必ず拭《ふ》く」という、誰《だれ》にでもできることを仕込まれた。その日から教わった通りに実践してみると、どの鳴物も音がよく出る状態になった。

こうしたお道の先輩方の教えが、いまの私の信仰姿勢の基盤となっている。

(立教176年10月20日号)

どのよふなたすけするのもしんちつの
をやがいるからみなひきうける

七号 101

、をやの心にもたれて

旬に歩む人だすけの道

原田《はらだ》 実《みのる》
甕《もたえ》分教会長

自教会のようぼくWさんは、今年三月ごろに体調を崩して以後、通院しながら仕事を続けていた。

検査入院したのは七月。その際、医師から悪性リンパ腫《しゅ》やがんの疑いが強いことを知らされた。

本人も家族も、ひどく落ち込んだ様子だった。私は朝夕のおつとめ後に十二下りのお願いづとめを勤めるとともに、病院へ足しげく通い、おさづけを取り次がせていただいた。

身上に込められた親神様の思召《おぼしめし》を、ともどもに思案させていただく日々。目前に控える大教会創立百二十周年記念祭に向け、心一つに話し合いを重ねた。

「みなひきうける」と仰せくださる掲出のお歌に込められた、をやのお心におもたれしよう――。

人をたすける心を一段と高め、日々にをいがけ・おたすけを実践する心を定めたWさんは、以来、入院中の方に声をかけ、おさづけを取り次ぐようになった。わが身のことより人のたすかりを願って動く中に、体調は少しずつ快方へ向かっていった。

検査の結果、心配された悪性リンパ腫でも、がんでもないことが判明。九月上旬には退院できた。

教祖百三十年祭へ向かう三年千日の旬。親神様・教祖の篤《あつ》い親心とご守護にお礼を申し上げるとともに、掲出のお歌にこもるをやの思いを胸に、今後もにをいがけ・おたすけに邁進《まいしん》したい。


（立教175年11月18日号）

せかいぢうみな一れつハすみきりて
よふきづくめにくらす事なら

七号 109

陽気ぐらし世界めざし
をやが喜ぶ確かな道を

藤本道栄
都山分教会長

「諭達第三号」に「陽気ぐらしは、何よりも親神様の子供である人間が、互いにたすけ合って暮らす世の在《あ》り様《よう》である」とある。陽気ぐらし世界実現への道は、をやと慕う親神様・教祖に喜んでいただける確かな道筋だと思う。

しかし、世間に目を向けると、親子関係の問題による痛ましい事件が後を絶たない。また、子供たちと離れて暮らす高齢者世帯の増加が目立つ中で、やがては親を尊ぶ心そのものが希薄になるのではと懸念している。

一方、お道の教えを拠《よ》り所《どころ》に、家族の心が一つになっている姿もある。

私どもの教会に、四世代で毎年おぢば帰りを続けている家族がいる。いまから二十八年前のこと。教会の女性信者の娘さんが妊娠中に出血を起こした。流産が危ぶまれるなか、母親は娘の夫を連れておぢばへ帰り、をびや許しを頂いた。その後、娘さんは鮮やかにご守護いただき、元気な子を出産。以来、仕事や学校の休みの日に合わせて、家族そろっておぢばに帰参している。

九十歳近くになる女性信者を筆頭に、子供、孫、ひ孫ら十数人が、教会が用意したマイクロバスに乗り込む。

「いまがあるのも親神様・教祖のおかげ」と喜んでおられる様子に、私もまた喜ばせていただいている。

親神様・教祖が望まれる陽気ぐらし世界に向かって、この教えを一人でも多くの人に伝えていくためにも、まずはリーフレットなどを携えて、身近なところからにをいがけに歩きたい。


（立教177年6月22日号）

このよふのせかいの心いさむなら
月日にんけんをなじ事やで

七号 111

眼前の鮮やかなご守護
年祭活動の〝追い風〟に

和田幸晴《わだゆきはる》
眞隆《しんりゅう》分教会長

教祖百三十年祭活動に勇み立つ旬に、私どもの部内教会でこんなことがあった。

昨年末、自教会の月次祭を勤め終えた部内の教会長が激しい腹痛で気を失って倒れた。その場に居合わせた皆が慌てふためくなか、会長の弟の娘が「お父さん、おさづけ！」と叫んだ。

会長の弟は、そのひと言で我《われ》に返り、おさづけを取り次いだ。その途端、足先がピクピクと動きだした。一同は驚き、ひたすら祈った。

病院へ搬送された会長は、応急処置を経て意識が回復。そのとき異常は見られなかったものの、後日になって肺に小さな腫瘍《しゅよう》が見つかった。

この一件で、会長は親神様の計り知れない親心に応えるべく、仕切って心定めをした。

年明けて、同じ教会が実施したお節会《せちえ》団参での出来事。大型バスの中で参加者の一人が腹痛を訴えた。

ある女性教友がおさづけを取り次いだところ、痛みがピタッと治まった。未信仰の参加者の一人が「私にも教えてもらいたい」と。女性教友は、おさづけの理について話した後、別席を勧めた。

信仰初代の彼女は、会長夫人の日々の姿に感銘を受けて入信。ようぼくとなってからは家族をお道へ導き、夫婦そろって教会の御用に励んでいる。そしていま、団参に参加した未信仰の人たちを教会の月次祭にお連れする彼女の姿がある。

部内教会で立て続けに起きた二つの出来事は、年祭活動を進めるうえで〝追い風〟となっている。

私自身もまた、機を逃さぬおたすけに全力を尽くそうと心を新たにしている。

（立教176年3月10日号）

心さい月日しんぢつうけとれば
どんなたすけもみなうけやうで

八号 45

をやの思いに寄り添い、見せられる節を生き節に

本泉《ほんせん》分教会長
波《は》多《た》野《の》茂《しげ》郎《お》

教祖百三十年祭活動のさなか、教会では毎日、「成人へ向かうお願いづとめ」として、時間を決めておつとめを勤めさせていただいている。

そうした中で、教会につながるようぼく・信者一人ひとりに、身上や事情を通して、親神様にもたれきらねばならない節をお見せいただいている。

私自身も、その親心になんとしてもお応えしようと、真剣に寄り添わせていただいている。

今年初め、あるご婦人に、乳がんが見つかった。布教所長であるご主人の話では、腫瘍《しゅよう》は拳《こぶし》ほどの大きさで、医師から「手術は難しい」と告げられたという。

私は心を曇らせたが、「いや、これこそ、この夫婦の年祭活動の出発点だ」と気持ちを切り替え、ご婦人におさづけを取り次いだ。思うところを伝えると、夫婦は「これからは、しっかりと会長さんの思いに沿わせていただきます」と力強く返事をされた。

その後、ご婦人は教会のお願いづとめに日参し、神名流しにも積極的に参加されるようになった。また、結婚が決まっていた息子さんの結婚式を元気な姿で迎えたいと、十分な理立てもされた。「教会に来ると、心が明るくなる」と話すご婦人に、私自身がたすけられている。

おかげで、抗がん剤による治療は順調に進み、転移が見られないどころか、医師が驚くほど腫瘍も小さくなり、この夏には無事に摘出手術を終えた。

まさに、生き節に変えていただいた姿である。をやの思いに応えるべく、真実の生き方・考え方に切り替えると、鮮やかなご守護が頂戴《ちょうだい》できるということを教えていただいた。

年祭活動の後半も、ともどもに精いっぱいつとめきらせていただきたい。

（立教177年11月23日号）

このさきハたすけ一ぢよにかゝりたら
どのよなものもいさむばかりや

八号 69

年祭活動一年目を顧み
心勇んで誓い新たに

北山藤彦《きたやまふじひこ》
野里《のざと》分教会長

教祖百三十年祭活動一年目の今年も、はや年の瀬。顧みれば、さまざまな姿をお見せいただいた。

今年初めのこと。本部「お節会《せち》」に向かう車中、妻が体調不良を訴えた。おぢばに着いてから、ますます体調は悪化し、救急車で「憩《いこい》の家」へ。しかし、どこが悪いというわけでもなく、点滴を打ってもらうと症状は落ち着いた。

後日、この出来事から思いを巡らせた。かつては、近所の方をお連れして、五十人乗りの観光バスでおぢば帰りをしたものだったが、いまでは五人乗りの乗用車。なんと申し訳ないことをしているのだろうと、深くお詫《わ》びを申し上げ、次はバスで帰らせていただこうと心定めした。

また、こんなこともあった。

「全教会一斉巡教」を終えたある日、近所に住むようぼく女性が訪ねてきた。彼女は、自分の娘が中学生のころ交通事故に遭《あ》ったものの、かすり傷一つなく無事だったというご守護を見せられて以来、熱心にお道に尽くしてくれている。

そんな彼女が「おさづけの取り次ぎ方を忘れたので教えてほしい」と尋ねてきた。聞けば、実母が腰を痛めているようで「巡教でのお話を聞いて、『私もおさづけを取り次がせていただこう』という気持ちになった」とのこと。その言葉に、心底うれしく思った。

教祖年祭へ向かう三年千日は、をやの思いにお応えする特別な時期であり、存命の教祖が格別に徳を積ませてやろうとお働きくださる大切な旬である。身上や事情をお見せいただくたびに、おかけくださる親心に、もったいなくもありがたい気持ちになる。

人が勇めば、神も勇む。年祭活動二年目も報恩感謝の心で、一層勇んで努めようと誓いを新たにしている。

（立教176年12月8日号）

このたびのなやむところハつらかろふ
あとのところのたのしみをみよ

九号　36

〝あとの楽しみ〟見て思う節にこもるをやの心

加地道喜《かじみちよし》
比布《ぴっぷ》分教会長

平成二十二年夏、天理時報社に勤めていた姉が勤務中に、くも膜下出血で倒れ、救急車で「憩《いこい》の家」へ搬送された。緊急手術で一命は取り留めたものの、執刀医からは「寝たきりになることも覚悟しておいてください」と告げられた。それが、多くの方々の祈りのおかげで、左半身は不随ながらも、会話ができるまでに回復するというご守護をお見せいただいた。その後、転院先を探しながら、姉の処遇を模索する日々が続いた。

　そんなある日、女性信者のKさんから、自身亡き後の遺産について相談を受けた。Kさんは、自分が出直した後は、その一部を若干名に手渡し、残額を教会にお供えしたいとのこと。

　姉も含めて、皆で話し合いを重ねた。その結果、Kさんの存命中にお供えいただき、姉のお供えと合わせて、教会敷地内に信者会館を建てることが決まった。

　ついては、信者さん方にもお願いし、併せて教職舎居間兼食堂の改修も進めた。また、この普請の意味合いを伝えるなか、新たに一人の信者さんが教会に住み込んでくださることになった。

かつて神殿普請の際に棟梁《とうりょう》を務めてくださった信者さんなどを通して、数々の不思議な縁を頂きながら普請は進んだ。翌年の夏には鉄筋コンクリート造りの建物が竣工《しゅんこう》し、Kさんや姉、住み込みの信者さんらが入居した。

姉が倒れたとき、このような姿になろうとは到底思い描けなかった。お見せいただく節にこもる親心を思わずにはおれない。


（立教176年7月7日号）

しんぢつの心月日がみさだめて
天よりわたすあたゑなるのわ

十号 1

身上だすけに悟る
神にお喜びいただく道

松浦徹哉《まつうらてつや》
櫛田《くしだ》分教会長

二年前の冬、長女から「友達が胃がんの身上になった。一緒にお見舞いに行ってほしい」と頼まれた。長女の友人は、余命数カ月と宣告されていた。

病院へ行くと、彼女は腹水がたまった状態で伏せっていた。私はお道の教えをもとに、日々の心づかいについて少し話をした。

するとと彼女は起き上がり、母親に「お母さん、これは本物や」と電話連絡し、私に向き直って「母にも話をしてほしい」と頼んだ。

後日、彼女の母親に会うと「たすかりますか?」と尋ねられた。そこで「私たち人間の体は神様からのかりもの。心次第に治していただける」と答えた。

その後は毎日、病院へ通い、おさづけを取り次いだ。一向に快方への兆しは見られず、大教会でお願いづとめを勧めていただいたところ、腹水が自然となくなるという不思議なご守護をお見せいただいた。抗がん剤治療が始まってからは、朝夕おさづけの取り次ぎに通い続けた。

その年の十一月、彼女は出直した。お詫《わ》びをする私に、彼女の母親は

「残された子供たちと娘の夫に、天理教の信心をさせてやってください」と託された。その言葉通り、親子三人で毎月、教会へ参拝に訪れている。娘の友人のおたすけを通して、こうした姿をお見せいただいているのは、親神様・教祖が下さった与えではないかと思わせていただいている。

どんな中でも、親神様・教祖にお喜びいただける道がきっとある。教祖百三十年祭に向け、「諭達第三号」にある積極的なおたすけに努めたい。

（立教177年10月12日号）

つとめさいちがハんよふになあたなら
天のあたゑもちがう事なし

十号 34

さまざまな〝ピンチ〟おつとめで〝チャンス〟に

川島一郎《かわしまいちろう》
勢津《せいしん》分教会長

教会長に就任して丸三十二年。その間、実にさまざまな〝ピンチ〟の場面に遭遇したが、いつも、おつとめによって〝チャンス〟に切り替えて通らせていただくことができた。

いまから十数年前、女子青年のYさんが結婚した。相手はM君という九州の男性。少年会員のころからお道に熱心なYさんだっただけに、寂しく思いながらも遠く離れて暮らす彼女の幸せを祈った。嫁ぎ先の家は他宗を信仰していたが、Yさんは「天理教の信仰は続ける」と話していた。

ある日、Yさんが脳幹出血で倒れた。絶体絶命のピンチに、教会ではお願いづとめを勤め、Yさんの両親は九州へ赴《おもむ》いて懸命におさづけを取り次いだ。親神様の親心により、Yさんは鮮やかなご守護を頂いた。

しかし、今度は夫のM君に多額の借金と浮気が発覚。M君は実父から「勘当」を、Yさんの父親からは「離婚」を言い渡された。

落ち込むM君に、私は「八方ふさがりやね。でも、天が開いているよ」と諭した。

そのひと言に、M君は、縋《すが》る思いで教会のある三重県へ移り住み、仕事をしながら別席を運んだ。ようぼくとなったM君は、教会のおつとめ奉仕者になることと、自宅に神実様《かんざね》をお祀《まつ》りし、おつとめを勤めることを心定めして、ようやくYさんの父親から許しを得た。

現在では〝理の子〟も授かり、講社祭をにぎやかに勤め、教会月次祭には夫婦でおつとめ奉仕にいそしみ、三人の子供たちも友達を誘って少年会総会に参加するまでになっている。

教祖がお急《せ》き込みくだされたおつとめこそ、全人類を陽気ぐらしへと導く究極の手段であることを、これからも信じ、もたれて歩み続けたい。

（立教173年12月5日号）

月日にハなにをだん／＼ゆハれると
をもうてあろをさきのたのしみ

十号 86

先の喜び楽しみに
〝親の声〟を素直に受ける

板倉《いたくら》　元《はじめ》
押立《おしたて》分教会長

上級教会が設立された明治二十七年ごろの出来事。当時の会長は、板倉家に対して、一家で教会へ住み込むようにと促されたが、祖父は「家から通いで教会づとめをさせていただきます」と断ったと聞いている。親の言うことを素直に聞けない、いんねんのようなものを感じる。

それから九十年ほど経《た》った昭和六十一年、私は二十五歳のときに身上を頂いた。上級教会の会長は「道一条で通りなさい」と言い、続けて「世上で暮らしていても、せいぜいわが子を二、三人与えてもらって、その成長を楽しむくらいしかできないけどな、道一条で通ったら、先で多くの道の子を与えてもらって、その幸せを見せてもらえる楽しみがある」とお話しくださった。

そのときは、素直に「はい」とは言えなかったが、平成二年に再び会長がお諭しくださり、遅ればせながら二年後に道一条になり、家族全員で事情教会に入らせていただいた。

それから、はや二十年。昨年、教会創立六十周年の節目を迎えさせていただいた。

その記念祭には、わが子を含め多くの青年会層の若者が、先輩信者たちと共におつとめ奉仕をしてくれた。

〝親の声〟を素直に聞けなかった当家の姿を繰り返すことがないようにと、私を導いてくださった親心があればこそ、見せていただいた喜びの姿である。

親の声が、さらなる先の楽しみをお与えくださると心に治めながら、勇んで一歩ずつ歩みを進めさせていただきたい。

（立教176年1月20日号）

たん〳〵とこのみちすじのよふたいハ
みなハが事とをもてしやんせ

十号 104

子弟に見せられた節
〝わが事〟と受けとめ

三代温生《みしろたずお》
雲東《うんとう》分教会長

教会長に就任して間もない晩秋のころ、ある信者さんから「遠方の大学へ通っている息子と連絡が取れなくなった」と電話が入った。大学から長期の欠席が続いていると聞いて急遽《きゅうきょ》、下宿先を訪ねたが、本人の消息も手がかりもつかめずに帰ってきたという。

彼は素直で真面目《まじめ》な性格。卒業間近、既に大手企業への就職も内定し、親御さんも喜んでいただけに、ショックは相当なものだった。

親族の一人は「これだけ熱心に信仰しているのに、なぜ……」と、不安の矛先《ほこさき》をこちらへ向けてこられた。家族の心情には一刻の猶予も感じられない。相談のうえ、お願いづとめを勤めることにした。

とはいえ、私の胸にも不安がよぎった。ふと、前会長である父が「難しい身上・事情は、一個人の問題にあらず。関わる皆が〝わが事〟として思案するように」と戒めていたことを思い出した。

そこで、教会の主だった人たちに連絡を取り、事の次第を説明するとともに、皆に〝わが事〟と受けとめるようにと話した。そして、献饌《けんせん》も新たに、心一つに真実を込めてお願いづとめを勤めた。

まんじりともせず夜を明かした。そして昼ごろ、興奮した声で一報が入った。「本人から電話がきた！」と。

あまりにも鮮やかなご守護に、一瞬わが耳を疑った。皆の真実を親神様がお受け取りくださったのだと、じわじわと感激が込み上げてきた。

本人は当時、深刻な悩みがあって思い詰めていたという。「それが、あの夜に限ってなぜか、無性に家に電話をかけたくなった」と。

この節は、教会長としての門出に際して、預かるようぼく・信者を一手一つにまとめて歩むようにとの、教祖が下されたありがたいお仕込みと信じ、掲出の一首を常に目に留まるところに掲げている。

（立教172年8月23日号）

どのよふなさハりついてもあんぢなよ
月日の心ゑらいをもわく

十一号 3

身上明るく受けとめ使命悟って前へ勇む

畑中正彦《はたなかまさひこ》
瀬戸《せと》分教会長

立教百六十九年六月十九日、診察室で聞いた医師の言葉に耳を疑った。五年前の教祖百二十年祭の年、がんに侵されていることを伝えられた忘れられない日である。

「どうして……」。不安な思いは日に日に募り、何かにつけて不足の心が先に立った。神殿にぬかずき、神意を悟ろうとするが、心に余裕がない。そんななか、ふと先輩先生の言葉が浮かんだ。

「教祖年祭の旬は、たすかる旬・たすける旬。どんな身上でも、必ずご守護いただける」。病に立ち向かうのではなく、親神様のてびきと受けとめる――。思わず日記に「明るく受け取り」「しっかり悟り」「勇んで前進」と記した。その途端、心が軽くなった。わが身思案の心が消え、報恩感謝の気持ちがあふれてきたのだ。

以後、見るもの聞くものすべてが喜びに変わった。私の心が変化すると、不思議と家族の心も変わった。皆の顔から涙がなくなり、笑顔が表れたのだ。ますますうれしくなってきた。

三日三夜のお願いのたびに、おさづけを取り次いでくださった大教会長様。大教会日参を続けた妻、いつも支えてくれた家族。おぢばで、自教会で、至るところで平癒を願ってくれた教友たち……。

親神様は、多くの人をしてたすけの渦を巻き起こさしめ、神意を悟るようお促しくだされたのだと、つくづく思った。

「病んでも臥《ふ》せってもひのきしん」。これまで、この言葉をどれだけ多くの人に伝えてきたことだろう。何事も思い立ったら即実行し、人に伝えることが、いまの私の使命だと実感している。

退院後間もなく、災救隊愛知教区隊長の御命を頂き、喜んで引き受けた。いま「東日本大震災」という未曽有《みぞう》の大災害を前に、自分にできる使命を全うしたい。


（立教174年6月19日号）

このたすけどふゆう事にをもうかな
三かめへにハそといでるよふ

十一号 16

ハワイの地で実感した
おさづけの理の鮮やかさ

古川《ふるかわ》 博《ひろし》
鞠生《まりふ》分教会長

平成九年から十年間、ハワイにある無担任教会の会長に就いた。妻と生後二カ月の娘を連れての移住だった。

ハワイでは、教会につながる信者さんが熱心に月次祭を勤めてくださるなど、お道の御用には不安を感じなかったが、言葉の問題を拭《ぬぐ》い去ることはできなかった。

特に、病院を受診するときなど、病状がうまく伝えられるか、医師の説明が理解できるかと心配だった。子供は四人に増え、幼子の身上には気をつけていても、やはり体調を崩すことはあった。

そんなとき、私と妻はすかさず、おさづけを取り次いだ。とにかく、たすけていただきたい思いで一心不乱に取り次ぐと、不思議にも鮮やかなご守護を頂いたのである。私は子供たちに「神様がたすけてくれたね、おさづけって、ありがたいね」と、必ず言い添えた。

やがて、子供たちもおさづけの理を身近に感じるようになった。あるとき、妻が腰痛で寝込んでいると、娘がおさづけを取り次ぐ手の動きをまねて、妻の腰に手を当てていた。妻の目には涙があふれていた。

日本へ帰ったいまも、子供たちは体調を崩すと、すぐにおさづけの取り次ぎを願い出てくれる。ありがたいことである。

さて、お道では「三」で仕切ってつとめるものが多く見られる。おさづけも、取り次ぎは一回に三度、しかも三日三夜と仕切って取り次がせていただく。そして掲出のお歌のように、三日目には外へ出歩けるほどに不思議なたすけを見せてくださる、ありがたい人だすけの手だてである。

このたびの秋季大祭の折に発布される「諭達」を機に、教祖百三十年祭活動の三年千日に入る。また、三年後には大教会創立百二十周年を迎える。この時旬に、親孝行の心を胸に、三で仕切ってつとめたい。

（立教175年10月21日号）

こんな事なにをゆうやとみなのもの
をもうであろふこどもかハいゝ

十一号47

出直す前日の母の言葉に神意を悟り親孝心の道へ

吉川辰也《よしかわたつや》
統志摩《とうしま》分教会長

今年二月、前会長である母が出直した。糖尿病と肝硬変の持病を抱えており、二年前からは肝性脳症による意識障害をたびたび起こしていた。

出直す前日のこと。病床の母が突然「すみません、すみません」と言った。「どうしたとね?」と尋ねると、「運転手さん、すいません。下から出血してシートを汚してしまって」と。私は「なんば言いようとね」と呼びかけると、母は「なんね、あんたね」と我《われ》に返った。

後になって気づいた。私が幼稚園のころ母は子宮外妊娠で入院しており、先述の母の言葉は、病院へ向かうタクシー内での会話だった。このときの治療で受けた輸血が原因でC型肝炎を患い、肝硬変に至ったらしい。

最初に肝性脳症を起こして入院した際に、偶然にも乳がんが見つかり、摘出手術を受けた。転移も再発も見られなかったため、私は折にふれて、そのご守護話をさせていただいたりもした。それだけに、母の出直しに「親神様の思召《おぼしめし》はどこにあるのだろう」と、一人思案に暮れた。

二カ月が経《た》ったある日、お願いづとめを勤めていたさなか、ふとある思いが浮かんできた。「四十数年前の子宮外妊娠で出直すはずだった母の命を、親神様が今日まで延ばしてくださり、吉川家に信仰の道をお付けくださったのではないか。そして、その真実を悟れるよう、出直す前の日に、そのときのことを示してくださったのではないか」。そう悟った私は、深い親心に、あふれる涙を抑えきれなかった。

「本当に天理教が好《す》いとう」と、常日ごろ言っていた母への親孝心は、後に続く私たち子供や孫が信仰をしっかりと受け継ぎ、陽気ぐらしを実践することにある。親々に喜んでいただくつとめ方を果たしていくことこそ、母への孝行と信じ、いまの句を心から楽しみたい。

（立教176年9月1日号）

なんどきにかいりてきてもめへ〳〵の
心あるとハさらにをもうな

十一号 78

知人のおぢば帰りに
親神様の働きを見る

黒川正誠《くろかわまさのぶ》
阪堺《はんかい》分教会長

自教会の朝づとめの後、近くのバス停や公園などで清掃ひのきしんをさせていただいている。続けるうちに、近所の人や通勤途中の人と顔なじみになり、あいさつや言葉を交わすようになった。

その中に、しばしば顔を合わせるご婦人がいる。あるとき、ふと「この方をおぢばへお連れしたいな」との思いが浮かんだ。ちょうど修養科一期講師の御命を頂いていたことから、その期間にお連れして案内を、と思ったが、結局、一期講師を終えてからと気持ちを改めた。

準備などもあって、早朝のひのきしんは三カ月半ほど中断。一期講師の御用をつとめ終えた次の月から、再びひのきしんを始めた。

「久しぶりですね」と件《くだん》のご婦人が話しかけてきた。これは良い機会だと思い、修養科やおぢばの話をすると、「実は最近、私も天理教の本部へ行った」と言う。驚いて話を聞くと、ある日、彼女の家へ「天理教です」とパンフレットを手にした女性が訪れた。その後も、女性は何度か訪ねてきて、ご婦人は誘われるままにおぢば帰りをしたという。

「それは、いつごろの話ですか？」と尋ねると、早朝のひのきしんを中断した時期と重なっていた。そして、おぢば帰りした日を聞くと、一期講師の集合日と同じ日。ご婦人は、さらに「神様のお話を聞かれては」と勧められ、別席を運んでいるとのことだった。

彼女の話を聞いて、「そんなことなら、あのときお誘いしておけば……」と一瞬思ったが、必ずしも同じ結果には至らなかったと思う。ただ、「この方をおぢばへ」と心に浮かばせていただいたのは親神様のお働きにほかならない。おぢばへ連れ帰るのは、人間心ではなく、親神様のお働きあってこそと、あらためて思った。

（立教173年10月17日号）

どのよふなものもしんからとくしんを
さしてかいるでこれをみていよ

十一号 79

おぢばへ連れ帰り
真にたすかる道へ

稲葉治郎《いなばじろう》
松江《まつえ》分教会長

教会長に就任して五年、信者の方々から身上・事情の相談を徐々に持ちかけてもらえるようになった。

大教会の創立百二十周年記念祭に向けて「おぢば一直線」のスローガンが打ち出された旬。経験の少ない私は、親里での行事への積極的な参加を呼びかけるとともに、悩める人にはをやに縋《すが》る思いで修養科に入ることをお勧めし、ご守護を祈る日々を送ってきた。脳腫瘍《しゅよう》をたすけていただいた人、家庭の事情を治めていただいた人……。修養科で鮮やかにご守護いただく姿を次々とお見せいただいた。

掲出のお歌の直前には、

なんどきにかいりてきてもめへ〱の
心あるとハさらにをもうな　（十一号　78）

とある。つまり、いつ、どんな理由でおぢばへ帰っても、それは親神様のお引き寄せであるということだ。教祖は、どんな者も真に得心させて帰らせると仰せくださっている。

教祖が現身《うつしみ》をもってお働きくだされた当時、先人の先生方は、教祖にお目にかかったら、あれも聞こう、これも尋ねようと思って伺うも、いざお姿を拝すると、すべてが心に納まったと聞かせていただく。

直接お姿こそ拝見できないが、いまなお教祖はご存命であらせられる。まず、教祖のお供として教えを知らぬ人々をおぢばへお連れし、おぢばの息を掛けていただく。そうすれば、どんな人でも真にたすかる道をお与えいただけるということが、掲出のお歌から拝察できるように思う。

教祖百三十年祭へ向かう活動を迎える今日。一人でも多くの方をおぢばへお連れし、ともどもにおたすけのできるようぼくへと導けるよう、まずは自ら成人させていただきたい。

（立教175年12月2日号）

いまゝでにふでにつけたることハりが
さあみゑてきた心いさむで

十二号　44

安心感と勇み心を頂き
これからもおたすけに

庄司《しょうじ》 博《ひろし》
久辰《ひさたつ》分教会長

十二年前、教会の月次祭当日。原因不明の体の痛みや発熱を押して祭典を勤めた後、救急で受診した。「蜂窩織炎《ほうかしきえん》」と診断され、そのまま入院となった。十日間の入院中、私は『おふでさき』を読み続けた。

おたすけ先のことなど、さまざまな心配事はあったが、安静の身ではどうすることもできない。すべてを妻に任せ、神様にもたれて『おふでさき』を読み深め、自らの心を治めようとした。

すると、なんとも言えぬ安心感と勇み心が湧《わ》いてきた。読むたびに新しい発見があり、わが子を見つめる親神様・教祖のまなざしを感じた。

信仰四代目。教会長の二男として生まれ、学生会活動を経て道一条を志した。やがて妻が最初の子を流産したときの心定めから仕事を辞め、教会長にならせていただいた。

これまで子供の身上や事情を通して、さまざまなお仕込みを頂いた。また、筋ジストロフィー、パーキンソン病、アルコール依存症などの身上や、事情を抱える方々と巡り会ってきた。そのたびに、なんとかたすかっていただきたいと、教祖のひながたや原典を支えに、おたすけに奔走してきた。

その中で、私の一番の心の支えとなったのは「おふでさき」だったように思う。

陽気ぐらし世界実現という親神様・教祖の思召《おぼしめし》をわが夢として、これからも「おふでさき」を頼りに、にをいがけ・おたすけに邁進《まいしん》したい。


（立教177年11月16日号）

このさきのみちハなんてもきがいさむ
どんなめつらしみちがあるやら

十二号　55

先の道を楽しみに
三年千日を勇んで通る

井手正道《いでまさみち》
東長居《ひがしながい》分教会長

長男が一歳半のとき「低身長症」と診断された。以来六年間、長男に毎日おさづけを取り次いでいる。取り次ぐ際、息子の無邪気な顔を見ていると涙が込み上げてくることもある。現在、クラスで一番身長が低い。それでも元気に小学校へ通っている。

私が長男におさづけを取り次ぐ姿を見ているからか、二男は腹痛などが起きたときに、「なむ天理王命」と所構わず大きな声で唱えている。また、二歳になる三男は、身上になっても、おさづけを取り次ぐと、満面に笑みを浮かべる。

長男の身上を通して「信仰を台とした家族団欒《だんらん》」を知らずしらずのうちに見せていただいている。そのことを思うと、あらためて親神様への感謝の気持ちが湧《わ》いてくる。

私どもの教会では、「縦の伝道」を活動の中心に据え、年祭に向けての歩みを進めている。ようぼく・信者たちの「縦の伝道」に対する意識を向上させるとともに、若者を対象とする本部行事への参加呼びかけ、家族そろってのおぢば帰りの促進、教会独自の「道の後継者講習会」の開催などを続けている。

しかし、親元や教会から遠く離れて暮らす子弟たちも多く、なかなか思うように事が運ばない現状がある。

掲出のお歌は、ある本部行事の際に、一緒にスタッフを務めた方から頂いた手紙に書かれていたもの。そのとき目にして以来、心に置き、事あるごとに思い出している。

今年に入り、大きな節を見せていただき、勇めない日々が続いていた。

しかし、このお歌を〝心の糧《かて》〟に、残り半分となる三年千日活動を「なんでも、どうでも」という気持ちで勇んで通らせていただき、その先にある結構な道を、一人でも多くの人たちと共に歩ませていただきたい。

（立教177年7月20日号）

どのよふにむつかしくよふみへたとて
よふきつとめてみなたすけるで

十二号 61

実兄の突然の身上に
心寄せて祈りを捧《ささ》げ

高橋和夫《たかはしかずお》
千山《ちやま》分教会長

昭和五十七年十二月二十九日のことだった。いまの教会へ養子に入っていた私は、部内に当たる実家の教会の餅《もち》つきを手伝っていた。

その日、当時会長だった兄の姿がなかった。風邪をこじらせて寝込んでいるとのことだった。餅つきも無事に終わり、私は兄にあいさつをして教会へ戻った。

翌日、兄の容体が急変し、近くの病院へ入院した。病名は「急性腎不全」。水分補給をしなかったために脱水症状となり、腎臓に負担をかけたことが原因だという。医師からは「重篤《じゅうとく》で、いつどうなるか分からない状態」と告げられた。

大晦日《おおみそか》、私の教会でのお願いづとめに兄の家族がそろって参拝した。私ども夫婦は、お供えいただいた真実を携えて上級教会へ赴《おもむ》いた。元旦祭の準備をしながらも、当時の会長様を芯にお願いづとめを勤めてくださった。

年が明けて、上級教会でのお願いづとめを終えた私は、入院中の兄におさづけを取り次いだ。そして、その足で実家の教会へ急いだ。皆とねりあいをした結果、十二下りのてをどりを連日勤める心定めをし、真剣に勤めた。

一時は葬儀の話題が出るほどの状態だったが、入院から二十日が経過したころで兄の意識が戻り、親神様・教祖のご守護を頂いて、日に日に快方へ向かった。

あれから三十年。兄は現在、八十六歳。会長職を退いたいまも、元気にお道の御用に励んでいる。

掲出のお歌のように、常におつとめを身近に感じつつ、日々のご守護に感謝して歩ませていただいている。


（立教175年1月15日号）

いかほどにむつかしよふにをもたとて
月日ひきうけあんちないぞや

十二号　71

母親の信仰に学んだ神にもたれて通る道

二宮秀人《にのみやひでひと》
葛城《かつらぎ》分教会長

今年七十四歳になる母の口癖は「教祖がちゃんとしてくださるから心配ないよ」である。

母はいつもニコニコと笑っていた記憶がある。いま思い返せば、厳しい布教の道中、決して笑えるような状況ばかりではなかったはずだ。けれど、笑顔しか思い出せない。

先日、母がこんな話をしてくれた。

「私は十九歳のとき嫁に来たが、苦労させてもらおうと思ってお道に入った。いま、振り返ってみると、幸せをいっぱいもらっていることに気がついた」

幸せになりたいと思っても、後ろから苦労が追いかけてくる通り方と、苦労したいと思っても、後ろから幸せが追いかけてくる通り方があるのだと、母の話を聞いて思った。

私がまだ幼いころのこと。外でテレビのアンテナの棒を杖代《つえ》わりにして遊んでいたそうである。すると、外から私の叫び声が聞こえたという。テレビのアンテナで目を突いて、血が吹き出ていたのだ。

すぐに、おさづけを取り次いでもらった。

母は「おたすけしかない」と思い、これを機に布教に出たそうである。心中は心配でたまらなかったはずだ。子供の親なら容易に想像がつく。

そして、そのときにおたすけ先で話をしていると、近所の方が帰ってこられた。私と同年代の子供のお葬式だったらしい。

帰り道、母の心は感謝でいっぱいだったという。万が一、私が目をなくしたとしても、命はあるのだから喜ぼうと思ったという。

現在、私はよく見える両目を使わせていただいている。

さまざまな事柄を見せていただいても、神様をめどうに進んでさえいれば、教祖がちゃんとしてくださるということを、母に教わった。

（立教177年10月19日号）

とのよふな事をするのも月日にわ
たすけたいとの一ちよはかりで

十二号 78

陽気ぐらし世界実現へ
異郷の地で道を伝え

玉村光彦《たまむらみつひこ》
館光教会長《たてみつ》

いまから三十年前、教祖百年祭活動三年千日の旬に、上級の会長様の思いを受けて、夫婦で台湾へ渡り、布教活動を始めた。

当初は言葉の壁もあったが、それ以上に、自分では分かっていたつもりだったお道の教えが、十分に理解しきれていないことを痛感した。

そこで、基本教理を現地の言葉に訳して、それをもとに、にをいがけ・おたすけに歩いた。現地の人にお話を取り次ぐうちに、私自身が「おふでさき」や「みかぐらうた」に込められたをやの思いを、より深く理解させていただけるようになった。

身上や事情、社会の動向、天変地異など、身に世に見せられるすべての事柄は、親神様が人間に陽気ぐらしをさせたいとの思召《おぼしめし》から現されているもの。そうした状況を見せられた私たちは、「陽気ぐらしをするのを見て、ともに楽しもう」と人間世界を造られた親神様の思召に立ち返り、心に治めさせていただかねばならない。

今さえ良くば我《われ》さえ良くばの人間思案の心を、人をたすける心へと入れ替え、陽気ぐらし世界実現に向けて、「つとめ」と「さづけ」をもって人を導かせていただく。そうすれば必ず、親神様・教祖は私たち人間を一人ひとり導いてくださるものと信じる。

台湾の地で、一人でも多くの人にをやの思いを伝えさせていただけるよう、掲出のお歌を心に置いて、これからも努力を重ねたい。

（立教176年6月16日号）

このみちゑはやくついたる事ならば
どんなものでもみないさむてな

十二号　82

〝暗闇〟に見えた〝光〟
元一日忘れずご恩報じを

中西弘造《なかにしこうぞう》
西葵《にしあおい》分教会長

高校卒業時、就職先が決まらなかった。幼少から弱視で、視力矯正《きょうせい》の見込みがなかったからだ。両親は所属教会の会長（当時）と相談し、修養科を勧めてくれた。その思いを受け、ほどなく親里の土を踏んだ。

それから二年。直属の山田亀太郎《やまだかめたろう》・西《にし》大教会長（当時）が、身上についてこう諭してくださった。

「君は、医者から『失明もあり得る』と言われて、見えなくなることを恐れている。でも私は、道の先輩方から『八方塞《ふさ》がりでも天は開いている』『闇《やみ》の夜は声を頼りについて来い、夜が明けたらなるほどという日が来る』という話を聞かせていただいたことがある。暗闇の中で大きく目を開いても、何も見えない。光があるから見ることができる。神様のご守護を悟り、おぢばに伏せ込み、体を使わせていただくように」

「何より実行が大切。案じたら案じの理が回る。先案じは良くないよ」

この言葉に心を打たれ、おぢばに五年間伏せ込んだ。

さらに所属教会での青年づとめを経て、山田会長の言葉から十年後、三十一歳で教会長の御命を拝した。

時を同じくして、不思議な縁を頂き妻と結婚。挙式の六日後に教会長就任奉告祭を執り行い、瞬く間に事が進んだ。あれから四十一年、いまも結構にお連れ通りいただいている。

二年前に水晶体混濁症の手術を受け、視界が見違えるほどに開けたが、信仰の元一日を忘れたら〝暗闇〟同然だと思っている。何より、たすけていただいたご恩に報いていけるよう、親の声を頼りに、ひたすらおたすけの心で通りたい。

（立教177年2月16日号）

なさけないとのよにしやんしたとても
人をたすける心ないので
十二号　90

「人をたすける気があるか」あの一喝が〝心の定規〟に

後藤芳樹《ごとうよしき》
石岐《いしぎ》分教会長

父がアルコール依存症だったこともあり、けんかや争いが絶えない家庭環境で育った。

理の親々には、親子ともに根気よくお導きいただき、私はおぢばの学校を卒業後、「大教会青年をつとめるように」と声をかけていただいた。

幼少のころから身上・事情を見せられるたびに、親神様・教祖の不思議なご守護を感じてきた。だからこそ、をやはもとより、自分を導いてくださった方々に報いる生き方をしたいという思いがあった。

一方で「天理教を信仰していても貧乏や。つらくて苦しい道に夢も希望もないのでは」との思いもあり、親神様にもたれきれず葛藤《かっとう》していた。

そんななか、当時、大教会長であった田中善太郎《たなかぜんたろう》先生に、思いきって「相談したいことがあります」と訪ねていった。私を部屋に招き入れ、悩みを聞いてくださった田中先生は開口一番、「おまえは自分のことで悩んどるんやないか。ほんまに人をたすける気があるのか！」と一喝《いっかつ》された。

胸に矢が刺さった思いであった。

「本当にその通り。自分のことばかりで、本気で人さまをたすける思いなんてなかった……」。その後、何度も田中先生のもとへ通っては、体験談や信仰への思いなどを聞かせていただいた。その一言一句は心に響き、胸に染み込むものばかりだった。

「相手の悩みや苦悩を〝わが事〟と捉《とら》えているか」「本当にたすかってもらいたいと思っているか」と、いまも自分自身に問いかける日々。あの日、一喝してくださった言葉と掲出のお歌は、自らの道を見つめ直す〝心の定規〟となっている。

（立教176年6月9日号）

しんちつが神の心にかなハねば
いかほど心つくしたるとも

十二号 134

大向成和《おおむかいまさかず》
御國《みくに》分教会長

をやの思い求める中に
道の楽しみと喜びがある

まだ教会長になる前の若いときのこと。脳梗塞《こうそく》の後遺症で半身不随になった信者のお宅へ、おさづけの取り次ぎに通わせていただいた。一日一日、真剣に祈りを込めるものの、病状は一向に良くならない。半年が経《た》っても鮮やかなご守護を見せていただけないことに、自信を失い、戸惑い、不足さえ覚えた。

そんな折、掲出のお歌が心に浮かんだ。

自分では一生懸命に努めているつもりでいても、真の意味で、親神様のお心に適《かな》っているのかと自問した。

答えは明白だった。

確かに私の心は、病人さん本人やその家族のほうを向いていた。しかし一方で、人をたすける徳も力もないのに、結果だけを追い求めている自分がいた。

また、娘が身上で入院した際には、どんな中も親神様のご守護を信じて通りきれるかについて、深く考えさせられた。自身の信仰心の弱さを、親神様からご指摘いただいたと、いまにして思う。

その娘も元気に成長し、おぢばで七年間学ばせていただき、先ごろ大学を卒業した。

うまくいかず壁にぶつかるたびに、掲出のお歌を思い出しては自身の心を省みた。

いまでは経験も積み、教会長の立場をお与えいただいている。少しは教えの素晴らしさを分かったつもりでいるが、いやいや、そんな気持ちになったときこそ慢心はないかと反省し、このお歌を思い起こす。

いくつになっても、をやの思いを求めて通る中に、お道の楽しみと喜びを見いださせていただける。そう心から感じる毎日である。

（立教175年4月1日号）

心さいしんぢつ神がうけとれば
どんなほこりもそふぢするなり

十三号 23

ぢばの声を素直に受け
喜びずくめの日々へ

神崎寛美《かんざきひろみ》
高邁《こうまい》分教会長

未熟な教会長である私は悩んでいた。思うことが思うように運ばぬいら立ちから、知らずしらずのうちに「ほこり」を積み、辺りにまき散らしていた。

そんな折、このたび「十全の守護」と「八つのほこり」の教えを身に付け、実践する動きを全教的に進めていく旨を聞かせていただいた。そこで、教会で毎日唱和していた「十全の守護」に「八つのほこり」を加えることにした。

早速、教えの説き分けを記した印刷物を信者さんに配布し、唱和を勧めた。すると、信者さんから喜びや勇みの声を直接聞かせてもらえるようになった。

「ぢばの声を素直に聞いて、実行させていただくことで、信者さんたちがいままで気づかなかったことに気づいたり、喜べなかったことを喜べるようになったりしている。ありがたいなあ」と思っていると、ふと一番得をしているのは自分だということに気がついた。

何かが少しずつ変わってきている手応えを感じる。劇的な変化があったというわけではない。日々の些細《ささい》な出来事を心から喜べるようになり、その喜びを皆と分かち合う時間が確実に増えているのである。

喜べないのは、ほこりの心づかいが邪魔をしているからである。ほこりを払う術《すべ》を、すでに教えていただいている私たちにとっては、ただ実動あるのみ。

親神様の後押しを感じながら、陽気ぐらしを目指し、常に明るく喜びずくめの心で、未熟ながらも毎日元気につとめさせていただいている。掲出のお歌は、そんな日々の中で、ふと心に浮かんだ一首である。

（立教174年8月14日号）

せかいぢういちれつわみなきよたいや
たにんとゆうわさらにないぞや

十三号 43

留学生の教会生活が縁で異国の地に神名を流す

杉江《すぎえ》正昭《まさあき》
美張《みはり》分教会前会長

十一年前のこと。教会の玄関に、一人の外国人男性が立っていた。スロバキア人の彼は名古屋大学大学院の学生。「ぜひ日本人と一緒に生活したい。オネガイイシマス」と片言の日本語で頭を下げた。どうやら日本の文化を知りたいということだったが、突然のことに驚きつつも、教会家族と同様に生活することを条件に了解した。

それから半年間、彼は教会で過ごした。素直で礼儀正しい彼は、朝夕のおつとめを一緒に勤め、勧められるままに別席を運んだ。近くのアパートへ住まいを移してからも、教会へ行き来した。

数年後、博士課程を修了した彼は、研究のため日本に残ることになった。それを家族や親類に報告するため、いったん帰国することになったとき、「会長さん、行きますか?」と誘ってくれた。

すぐさま準備して、五日後にスロバキアへ旅立った。

成田《なりた》空港からハッピ姿になり、飛行機で約九時間かけてオーストリアへ。ウィーン空港の玄関口では、ひと足先に着いていた彼が出迎えてくれた。

国境を越え、スロバキアの彼の実家に着いた私は、一日の感謝を込めて夕づとめを勤めた。彼の父親は「私たちのために、お祈りをありがとう」と感激していた。

一週間の滞在中は、ハッピ姿で国内のあちこちを巡りながら神名流しをした。拍子木を手に「みかぐらうた」を歌う私の隣で、彼も一緒に唱和した。帰国の際には、彼の両親にハッピをプレゼントした。

彼が教会を訪ねてくれたことが縁で、お道の教えがまだ伝わっていない異国の地に神名を流すことができた。そして、行く先々で温かくもてなしてくれた人々とのふれ合いから、世界中の人間は皆、親神様の子供であり、互いに兄弟姉妹《きょうだい》であるということを、あらためて実感したのだった。

（立教174年8月28日号）

しんちつに心にまことあるならば
どんなたすけもちがう事なし

十三号　71

父の言葉を胸に通る誠真実をつくる道

長江《ながえ》　渡《わたる》
本心《ほんしん》分教会長

五年前、部内の女性教会長が身上を頂いた。乳がんである。昭和四十三年七月、一家離散の事情から名古屋の地を踏んだ彼女は、自分の過去をさんげしたいとの思いで教会の門をくぐった。そして、初代会長である私の父にたすけを求め、翌日から日参を始めた。

ある日、その様子を見ていた私に、父は「おまえがおたすけをするように」と言った。当時、私は教会長の理を拝命して間もないころ。教会の御用を懸命につとめる彼女の姿に、「よほど真剣にかからなくては」と肝に銘じた。

その後、彼女は修養科を志願。修了後、私は彼女に布教所開設を勧めた。家探しに手間取るなか、二男が交通事故に遭《あ》うという節を見せられたものの、あらためて心を定めると、家はすぐに見つかった。

教祖百年祭へと向かう旬には、大教会から教会復興のお打ち出しを頂いた。彼女に告げると「つとめさせていただきたい」と。五十七年九月に名称の理をお許しいただき、教会長に。以来、長年おたすけに歩んできた。

そのうえでの乳がんという身上のお手入れである。私はおぢばへ日参し、親神様の思召《おぼしめし》を真剣に思案しては、心づかいをお詫《わ》び申し上げた。一方で、彼女には「親心に応えて成人する旬」と諭し、ともどもに成人の歩みを進める努力を重ねた。

手術は無事に成功。五年が経《た》ったいまも再発はない。その間、彼女は部内教会をご守護いただいている。

あの日、父に告げられてから、彼女のおたすけをさせていただくとき、常に私の心にあったのは「親神様にお働きいただける誠真実をつくれ！」という父の言葉であった。その言葉を胸に、大教会創立百周年の旬に向け、一同、勇み心に立ち働く今日このごろである。

（立教175年7月8日号）

月日にわどんなところにいるものも
むねのうちをばしかとみている

十三号　98

家族に節が相次ぐ中も
親心感じてたすかる道へ

野《の》々《の》村《むら》孝雄《たかお》
玉造《たまつくり》分教会長

教会に所属する男性ようぼくのYさんが、肺がんの宣告を受けた。息子は海外研修を取りやめ、娘は専門学校を辞めて修養科へ。夫人は教会日参を心定めした。

自宅と教会で連日、十二下りのお願いづとめが勤められるなか、Yさんの抗がん剤治療が始まった。

ところが期間半ば、高熱が出て投与は中断。これまでの治療もふいになりかねない事態となった。

夫人は意を決して、それまで躊躇《ちゅうちょ》していたおさづけを初めて夫に取り次いだ。すると不思議にも熱が下がり、治療を継続できるようになった。

その矢先、息子が交通事故に遭《あ》い、意識不明のまま病院へ搬送されたと急報が入った。

駆けつける道中、私は相次いで節を見せられた夫人の心中を案じた。祈るような気持ちで病院に着くと、玄関で私を待っていた夫人が、意外にも力強い口調で言った。

「教祖が、私たちをお導きくださっているような気がしてなりません。初めて取り次いだおさづけに、鮮やかなご守護をお見せくださったのですから。息子が運ばれた病院も、主人の入院先のすぐ近くだったのです。私一人で、どうにかこなせそうです」

翌日の朝づとめ後、夫人と一緒に拝読したのが、このお歌だった。

息子は骨折の手術を受けたものの、命に別条はなかった。Yさんは長い治療期間を経て修養科へ。その際には息子が付き添った。

この出来事があって以来、私自身、どんなところでも、どんな状況に置かれても、心に浮かぶ大切なお歌の一つとなった。

（立教173年1月31日号）

むねのうち月日心にかのふたら
いつまでなりとしかとふんばる
十三号　99

親々の生きざま手本に
お歌の意味を噛みしめて

武内正美《たけうちまさみ》
髙屋《たかや》分教会長

昭和三十二年、里の祖母は胃がんの宣告を受けた。手術前、見舞いに来られた山田《やまだ》おあや・敷島《しきしま》大教会長夫人（当時）は一枚の色紙を渡された。そこに書かれていたのが掲出のお歌である。祖母は、自分の物すべてを納《なっ》消《しょう》して手術に臨んだと聞く。

胃を全摘出、膵臓《すいぞう》まで取り「余命三カ月」と診断された。そんな祖母が奇跡的なご守護を頂く。その後、三十二年間も生き永らえ、「ありがたいね、もったいないね」と心からお礼を申し上げて、静かに身上をお返しした。

平成五年、父もまた胃がんになった。手術のため天理へ発《た》つ父に、祖父が一枚の便箋《びんせん》を手渡した。

そこにも、このお歌が墨字でしたためられていた。

術後、父はその便箋を額装して書斎に掲げた。お歌の意味を噛《か》みしめながら、一日生涯の心で御用に励んで通った。

その三年後、夫の出直しという大きな節をお見せいただいた。親神様のなさることに間違いはないと信じつつも、幼子二人を抱え途方に暮れる日々。そんななか、年も若く経験のない私が、後任として教会長の理のお許しを頂いた。

就任奉告祭の前日、父から手紙が届いた。「この世の中すべて神様のなさること。このたび髙屋の教会に神様が女の会長を置いたんだ。男の会長のようにやらなくてもいいんだよ。女の徳分をもってつとめさせてもらえばいいんだ。見守っています」と。そして最後に、掲出のお歌が添えられていた。

あれから十七年。先ごろ、父の五年祭が勤められた。親々の生きざまを手本に、をやの声を頼りにして、お与えいただく御用の一つひとつを精いっぱいつとめさせていただく日々である。

（立教176年3月31日号）

みのうちにとのよな事をしたとても
やまいでわない月日ていりや

十四号 21

二度目のおぢばの御用に
つくし・はこびの精神で臨む

小松悟志《こまつさとし》
中河内《なかがわち》分教会長

四月から詰所の副主任として、おぢばでつとめさせていただいている。実は教祖百二十年祭の年にも同じく副主任の御用を頂いたので、二度目となる。

御用のお話を頂いた昨年末、こんなことがあった。お風呂に入ろうとしたところ、ひどい嘔吐《おうと》と下痢《げり》に襲われた。それからしばらくの間、立ちくらみや吐き気など体の不調が続いた。

それまで病気らしい病気を何一つしたことがなかった私は、思案を巡らせた。そのころ周りでいろいろなことが起こり、不足の心を募らせていた。「諭達第三号」に「あらゆる災厄や難渋は胸の掃除を求められる親心の表れである」とお示しいただく。この身上は、不足心を持った私に見せられた姿であるとともに、四月からの大事な御用に向け、親神様が心の入れ替えを促されているのだと思った。

ところで、最初に副主任の御用を頂いた教祖百二十年祭の年のこと。私は代理で本部の詰所会総会に出席した。その際、臨席されていた前真柱様が、おぢば帰りの意味について、こうお話しくだされた。

「つくし・はこびの一つの姿が、おぢば帰り。おぢばに帰るという形をもって、をやの心に応えさせてもらうことが、おぢば帰りの意味であるとするならば、それは、つくし・はこびの精神にほかならない」

お道の者にとってつくし・はこびは、をやの思召《おぼしめし》に沿う親孝心の道。それぞれの持ち場立場で、勇んで真剣につとめたならば、たとえ十分でなくても、その分だけ、をやにお受け取りいただけるものと信じる。

その思いを心に置いて、この句におぢばに帰ってこられる方々に喜んでもらえるよう心を尽くすとともに、教会長としての務めにも一層励んでいきたい。

（立教176年8月11日号）

月日にわにんけんはじめかけたのわ
よふきゆさんがみたいゆへから

十四号 25

代々の信仰を受け継ぎ
歩みゆく陽気ぐらしの道

松岡慶治《まつおかよしはる》
中吉川《なかよかわ》分教会前会長

教祖が直々《じきじき》に筆に記してお教えくださった「おふでさき」は、簡潔明瞭な内容で、そのお言葉は親心にあふれている。

二代会長の父は御用で外出するとき、必ず『おふでさき』を携えていた。「迷ったときに開かせていただくのだ」と話していたが、のちに教会長となって、その意味が分かった。

振り返れば、明治のころに、初代会長の祖父が曽祖父《そうそふ》と共に入信して以来、極貧と世間の猛反対の中も、ひたすらたすけ一条に尽くしきり、北海道から九州、果ては遠く海外まで道を広めていった。祖父たちは、この道を伝えてくださった教祖にほれたのだと思う。私もまた、こうした先輩たちの導きのもと、日一日と教祖のひながたにほれ込んだ。

さて、人には〝一名一人の劇場〟というのか、生きていく中に、さまざまなドラマがある。私も一人の人間として、いろいろな道のりをたどってきた。

幼少時は、自転車にひかれて大けがを負ったり、大病を頂いたりした。青春時代には、失恋や受験の失敗といった挫折《ざせつ》もあった。社会人となり結婚し、教会長に就任。それぞれに味わう悲喜こもごものなか、親神様・教祖のお導き、先人・先輩方の生きざまを拠《よ》り所《どころ》として、今日の日まで過ごさせていただいている。

掲出のお歌は、親神様が私たち人間を造られた神意を表したものだ。いつしか私の〝心の杖《つえ》〟となった。

どのような険しい道中も、先を楽しみに「なんだ坂　こんな坂」と人生の山坂道を歩ませていただいてきた。これからも変わらぬお導きを頂いて、陽気ぐらしの道へとお連れ通りいただきたい。

（立教175年4月8日号）

にんけんもこ共かわいであろをがな
それをふもをてしやんしてくれ

十四号　34

子供のけなげな姿見て
あらためて感じたをやの温もり

笹倉雅浩《ささくらまさひろ》
兵庫中央《ひょうごちゅうおう》分教会長

毎朝八時、私はＪＲ神戸駅へと向かう。会長就任以来四年目を迎えた朝の駅前布教。通勤、通学と多くの人々が行き交う駅前で、路傍講演やチラシ配りをしている。

そんなある日のこと、一人の男性がチラシを手に取り、ジーッと見ていた。何か関心を持ってくれたのかと思い、話しかけようとした。すると、その方はチラシで鼻をかみ、私の足元に投げ捨てていってしまった。私は驚いて何も言えず、ただただ悲しい気持ちになった。

チラシは決して立派なものとはいえないが、心を込めて手作りしたもの。何より教祖の御教《み》えをつづらせていただいたものである。とても申し訳ない気持ちになり、チラシを拾い上げようと身をかがめた。すると不思議にも、先ほどの悲しい気持ちは消え、むしろ温かいものに包まれるような感覚を覚えたのだった。

話は変わるが、週末には、息子たちも駅へ連れていく。小学生の息子たちは、緊張しながらも「陽気ぐらしの天理教です。読んでください」とチラシを配る。なかなか受け取ってもらえないときなどは、少しつらい顔を見せるが、親の思いを素直に受けて、けなげにチラシを配る姿に、いつも胸が熱くなる。

チラシを配り終えた子供たちは、誇らしげに私の所へ駆け寄ってくる。そんな彼らを「よくやった！　お父さんはうれしいよ」と褒《ほ》め、頭を撫《な》でてやる。

教祖は私たちのをやであらせられる。けなげに親の思いを伝えようとする子供を、教祖は決して放ってはおかれないはず。

チラシを拾おうとしたあのとき、「ようやってくれるなあ」と、ご存命の教祖が私の頭を撫でてくださっているような、そんな温《ぬく》もりを感じたのかもしれない。

（立教175年5月13日号）

にち〳〵にをやのしやんとゆうものわ
たすけるもよふばかりをもてる

十四号　35

お歌の神意に心寄せ
陽気ぐらしへひたすらに

中隈《なかくま》禎昌《よしまさ》
宮ノ陣《みやのじん》分教会長

われわれのをやであらせられる親神様は、明けても暮れても、わが子である人間をたすけたい、成人させたいとばかり思い巡らされている、という意味のお歌である。

私たち人間は、自分が望んだことが叶《かな》ったり、あるいは予想以上の成果をお見せいただいたりしたときは、結構なご守護を頂けたと喜び勇む。反対に、望みに反する出来事や結果が表れたときは、ご守護がなかったと嘆き悲しみ、神の存在さえも否定したくなることがある。

だが、果たしてそうだろうか。われわれの側からすれば、マイナスに見える出来事や結果も、掲出のお歌に記されるように、すべて陽気ぐらしへ導くために親心からなされることだと解することができる。

私は、節をお見せいただくたびに、このお歌に支えられてきた。なかでも、教祖百二十年祭の年の出来事が忘れられない。

教会長として初めて迎える年祭だったので、妻をはじめ自教会、部内教会ともども一丸となって三年千日の活動を、まっしぐらにつとめさせていただいた。「きっと素晴らしいご守護をお見せいただける」と思いつつ、年祭の年を迎えた。

だが、その年の九月三十日、隣家の火災により自教会の神殿建物が焼失するという大節に遭《あ》った。

さすがに心を倒しそうになったが、このお歌のおかげで立ち直れたといっても過言ではない。結果的には、皆の心が寄り集い、前会長夫妻が理想としていた神殿建物をご守護いただけたのだ。

これからも、私たち人間を陽気ぐらしへ導きたいという大いなる親心をしっかりと心に治め、いかなるときも心倒すことなく、十全の守護のありがたさを感じ、そのご恩返しとして、たすけの実践につとめさせていただきたい。


（立教175年3月11日号）

心さいすきやかすんだ事ならば
どんな事てもたのしみばかり

十四号　50

心澄ます努力を忘れず
世界たすけにつとめたい

中山利信《なかやまとしのぶ》
川野春分教会長《かわののはる》

六十六歳を迎えて、ようやく成ってくる理を楽しめる年齢になってきました。とはいえ、まだまだ人間思案が強く、ようぼくとして、教会長として反省する毎日です。

親神様は、人間が陽気ぐらしをするのを見て共に楽しみたいと思召《おぼしめ》され、人間を創造されました。つまり私たち人間は、陽気ぐらしをするために、この世に生を頂いているのです。

現在、一年のうちの三分の一は、おぢばで過ごしています。教祖のお膝《ひざ》元《もと》で過ごすうちに、たまらなく無性に教祖にお会いしたい気持ちがつのり、朝づとめ前のお出ましの時間に参拝するようになりました。

参拝しているある日、フッと思ったのです。教祖のお出ましがあるということは、必ずお下がりもあるのだろうと。そこで、お下がりの時間に参拝に行ったのです。朝のお出ましには大勢の参拝者がいるものの、夜のお下がりには、数えるほどしかいませんでした。私一人のときもありました。以来、朝に晩に、教祖殿にぬかずくようになりました。一日の終わりに教祖にごあいさつを申し上げると、何とも言えない気持ちになったのです。

ある日、本部神殿からお墓地へ向かう途中で、誰《だれ》かに袖《そで》を引っ張られたような感じがしました。まるで導かれるかのように歩いていくと、本部北庭の記念建物にある御休息所の前で足が止まりました。そのとき、明治二十年陰暦正月二十六日、教祖がここで現身《うつしみ》をおかくしになったことを思うと、何とも言えない愛しさを感じ、私はどこよりも教祖を身近に感じられたのです。それからというものは、教祖殿に参拝するとともに、毎日御休息所へ足を運ぶようになりました。そしていつだったか、掲出のお歌が頭に浮かんだのです。

あの日から二年。これからも心を澄ます努力を忘れず、教祖百三十年祭に向けて世界たすけを心がけ、教祖の道具衆としてお使いいただけるように、日々つとめていきたいと思います。

（立教175年2月5日号）

とのよふな事がありてもあんちなよ
なにかよろすわをやのいけんや

十四号 74

身上・事情は道の花
節はをやの激励と悟り

竹川東一郎《たけがわとういちろう》
飾大分教会長《しきだい》

十年前、父の後を継いで四代会長のお許しを頂き、就任奉告祭を執り行った。

「さあ頑張るぞ!」と意気込んでいた矢先、幼稚園児だった長男が赤痢《せきり》に感染。さらに、二男と教会に住み込む信者にまで伝染した。

「なぜ、こんなことになったのか。何が悪かったのか」と落ち込む日々。何かしら親神様の思召《おぼしめし》があってのことだとは思ったが、神意を悟りきれず、悶々《もんもん》とする中で喜べない日が続いた。

海外布教から帰ってきた前会長の父に相談した。すると「昔、東中央《ひがしちゅうおう》大教会初代会長の柏木庫治《かしわぎくらじ》先生は、本部の布教部長の就任時『教祖の教えを口から口へ、胸から胸へ〝伝染〟するように、伝え広めていかせていただこう』とおっしゃっていた」と諭された。

ハッとした。

「親神様は、何が分かったわけでもない若い会長に、人々に伝染するように、にをいがけをせよと叱咤《しった》激励をしてくださったのだ」と。

心が晴れた瞬間だった。お道では「身上・事情は道の花」とお聞かせいただく。その意味を実感したように思えた。

以来、勇み心そのままに、教会を挙げて神名流しや路傍講演に積極的に取り組んだ。その間には、妊娠中の妻が四次感染したが、何の心配もなく無事に出産させていただいた。

その後も、部内を含む教会につながる者に数々の身上・事情を見せられた。それでも、節は親神様・教祖の親心、叱咤激励と受けとめ、をやに喜んでいただく、共に楽しんでいただくという思いを持って、心倒すことなく歩ませていただいている。

（立教175年2月19日号）

いかほどにせつない事がありてもな
をやがふんばるしよちしていよ

十五号　8

妊娠中の妻に見せられた親神様の鮮やかなご守護

山《やま》田《だ》道《みち》弘《ひろ》
當《とう》別《べつ》分教会長

教祖百十年祭の年のこと。自教会のおぢば帰り団参を翌日に控えた日の夕方、妊娠中だった妻が破水を起こし、隣町の病院へ緊急搬送された。「そばにいてほしい」と不安のあまり涙する妻に、私は「こんなときだからこそ、教祖のもとへ帰らせていただかなければ」と、後ろ髪を引かれる思いで翌日、予定通りにおぢばへと向かった。

おぢばに到着してすぐに、入院先の病院から連絡が入った。おなかの赤ちゃんを取り出さないと危険との判断から、妻を設備の整った札幌市内の病院へ移送したというのだ。

私は本部神殿へ急ぎ、一心にお願いづとめを勤めた。そして、はやる気持ちのまま、早足で教祖殿へ進み、存命の教祖の御前にぬかずき、ひたすら願った。

参拝を終えて詰所へ戻ると、今度は、移送先の病院から電話が入った。

「手術前に検査したところ、なんの異常も見られません。それどころか、破水した形跡もないのですが、いったい、どういうことでしょうか……」。

あまりにも鮮やかなご守護だった。

おなかにいた長男は現在、おぢばの学校でお世話になり、元気に過ごしている。

この道を通る中で、しんどいことや切ないことは何度も起こるかもしれない。しかし真実のをやが、いつも私たち以上に踏ん張ってお働きくださっていると確信する。そのことを心頼もしく思い、勇んで教祖百三十年祭活動へ向かわせていただきたい。

（立教175年12月9日号）

たん〳〵とよふぼくにてハこのよふを
はしめたをやがみな入こむで

十五号 60

不思議から四半世紀
誠真実の大切さ知る

田渕明男《たぶちあきお》
京龍《けいりゅう》分教会前会長

昭和五十八年三月、大教会の巡教で福岡のある教会を訪れた。教会長は高齢の女性で、五十代半ばになる教会長後継者の長男は、社会人として勤めていた。その日は教会の月次祭。彼はおつとめ衣《ぎ》を着けて端座していた。ところが、祭典が始まるや彼の姿が消えた。

祭典後、会長である母親から、彼が祭典開始直前に心不全で倒れたことを告げられた。そして「往診に来たお医者さんは、『瞳孔《どうこう》が開き、すでに亡くなっているので、死亡診断書を取りに来てください』と言って帰っていった。どうか息子の命をおたすけください」と。

一縷《いちる》の望みを託された私は、長男家族に「彼が会長を引き継ぎ、道の御用に専念する心定めを」と伝えた。息絶えた彼を前に、家族は諦《あきら》めきった様子だったが、押し問答の末、心を定めていただいた。

すると不思議を見せていただいた。おさづけの取り次ぎが終わると同時に、彼は息を吹き返したのだ。

その後、順調な回復を遂げ、一年後には教会長に就任した。

それから二十五年が経《た》った平成二十年十月。創立百周年記念祭を翌月に控えた大教会の秋季大祭の日、件《くだん》の会長から「最近、体調が思わしくない。まだまだお道の御用をしたいので、おさづけを取り次いでほしい」と申し出があった。だが、忙しかったこともあって「そのうちに」と約束し、そのまま別れた。

一週間後、彼は心臓発作で倒れ、翌月の大教会月次祭祭典日に八十歳で出直した。わが身思案の曇った心が、生涯に悔いを残す事態を生じさせてしまったと慙愧《ざんき》の念に締めつけられた。

親神様に入り込んでいただくには、たすかってもらいたいとの誠真実、そして澄みきった心がなければならない。いま思い返しても無念でならないが、一人のようぼくとして忘れてはならない出来事である。

（立教175年9月23日号）

をやのめにかのふたもののハにち／＼に
だん／＼心いさむばかりや

十五号　66

身上のたすかり機に
おたすけ人として再起

日下部昌史《くさかべまさし》
美西《みにし》分教会長

十六年前、教祖百十年祭の年のこと。現在の上級教会での伏せ込みを終えた私は、当時布教所だった実家へ戻り、地元での布教活動にいそしんでいた。しかし、なかなか思うようにいかず、焦りばかりが募った。

しばらく経《た》ったある夜、激しい頭痛に襲われた。病院で検査を受けたところ、その最中に意識を失った。くも膜下出血を発症していた。昏睡《こんすい》状態でベッドに横たわる私のもとへ、上級教会の会長様が駆けつけてくださった。そして「昌史！」と大声で名前を呼んだ。その瞬間、私の目から涙がこぼれたという。

会長様は力強い口調で「たすかる」とおっしゃった。このひと言を受け、家族や親類、教会や支部の教友の皆さんは、私のたすかりを一心に祈るとともに他の入院患者へのおたすけにも回ってくださった。

一カ月後、意識が戻った。医師からは「一生寝たきりかもしれない」と言われたが、リハビリに励み、同室の人に不自由な手でおさづけを取り次いだ。その後、快方へ向かい、退院の際には自分の足で歩いて主治医にあいさつに行くことができた。

それからは、ひたすらおたすけに歩かせていただいた。病人だった私は、いつしか「病」の字が取れ、再び「おたすけ人」として教祖にお使いいただけるようになった。

身上から一年後、種蒔《ま》きとして始めた路傍講演は、教会長となった現在も続けている。一日一回、あるいは朝・昼・晩と三回、感じたことや思い浮かんだことなどを伝えている。掲出の一首は、路傍講演で道行く人に伝えているお歌である。

これからも人のたすかりを祈り、不思議な働きをお見せいただけるように、粘り強くおたすけをやり抜きたい。そんな気概に、身も心も満ちあふれている。

（立教175年6月10日号）

月日にわどんなをもハくあるやらな
このみちすじハしりたものなし

十六号　26

教会のバス帰参で見えた十年、二十年先の道筋

藤原福雄《ふじわらふくお》
日下《くさか》分教会長

教祖百十年祭三年千日活動が始まる前年のこと。教区では、年祭活動の一環として十万人規模のおぢば帰りが打ち出された。

当時、教区の布教部員だった私は、部長から「本部月次祭には毎月、何人で帰参しているのか」と尋ねられた。「ワゴン車で四、五人です」と答

えると、即座に「毎月マイクロバスで帰りなさい」と言われた。

早速、教会へ戻って相談し、毎月マイクロバスで帰参することを決めた。続くかどうか不安もあったが、大勢の帰参者を毎月ご守護いただき、喜びのうちに教祖百十年祭を迎えることができた。

三年千日と仕切ってのマイクロバス帰参だったが、その後も継続を望む声が上がったことから、今日まで続いている。

スタートから二十年の月日が流れた。おそらく今月は少ないだろうと思いつつ、出発の日を迎えたこともあった。しかし不思議なもので、仕事や家庭の都合をつけて帰参する方が、乗り場で待っておられることが再々あった。

また、大節に遭《あ》っても心倒さず見事に乗りきることができたという方もいて、毎月のおぢば帰りで尊いぢばの理を頂いているからこそ——と感じ入ることもあった。

年祭へ向かう三年千日、目標を定めて通りきれば、親神様・教祖は、その先の十年、二十年の道筋を付けてくださると確信している。

教祖百三十年祭まであと二年。懸命につとめたその先に、どんな道筋が見えてくるのか。それを楽しみに、勇み心で通らせていただきたい。

（立教177年3月16日号）

このみちハどんな事やとをもうかな
せかい一れつむねのそふぢや

十六号 57

大節は心の大掃除
"たすかりの旬"に勇む

瀬口諄子《せぐちじゅんこ》
郷渓《ごうけい》分教会長

昨年夏、九州北部を二度襲った記録的豪雨による水害で、私どもの教会も被災した。

その四カ月前、病に伏せっていた長女が出直し、ようやく落ち着いたと思った矢先の出来事だった。

災害救援ひのきしん隊の方々が駆けつけてくださったり、教会につながるようぼく・信者の方々の心寄せを頂いたりして、秋ごろには教会は復旧した。この地でお道を広め、信仰をつないできた先人の伏せ込みがあってこそ、と思わずにはおれない。

現在の教会を預かったのは十七年前のこと。元は夫の母の出里だったが、後任者不在により夫が会長に就くことに。当時、広島で会計士として働いていた私は、仕事をしながら教会の御用に携わるようになった。夫の出直しを受け、四年前から私が教会長を継がせていただいている。

これまでの歩みを振り返り、遠回りをしたのではと自省することもある。そうしたなか、このたびの相次ぐ大節を通して、私の運命を切り替える〝心の大掃除〟をしていただいたに違いないと、つくづく感じている。

水害から半年が経《た》った昨年十二月、私どもの支部で「陽気ぐらし講座」が開かれた。その折、支部長から話を聞かれた講師の先生のご厚意で、急《きゅう》遽《きょ》、隣町にある私どもの教会の布教所でも講演してくださることになった。皆が勇み立つ行事となり、喜びもひとしおだった。

生きているうちには大節が立て続けに起こることもある。そのときこそ「いまは心の大掃除の時期」と教えを求め、前向きな心で道を歩みたい。そうすれば、親神様はきっと鮮やかなご守護をお見せくださると確信している。そしてすでに、現在《いま》も本当に素晴らしい御守護を頂いている。

〝たすかりの旬〟といわれるいま、機を逃さず人だすけに努め、次代へ道を伝えることにも力を尽くそうと勇み立っている。

(立教176年1月27日号)

さあしやんこれから心いれかへて
しやんさだめん事にいかんで

十六号 79

母の身上の節目に後継者の決意固める

泉《いずみ》 裕《ゆう》一《いち》
義立《ぎりつ》分教会長

教祖百二十年祭の年の五月、当時、教会長夫人だった母が、悪寒と高熱で病院へ運ばれたとの知らせを受けた。当時、私は天理教校学園高校で教員をしていたため、京都の母のもとへ駆けつけることができなかった。

そこで、すぐに本部神殿へ足を運び、とにかく必死で母のたすかりを願った。

翌日、病院へ行くと、医師から「腎盂《じんう》腎炎から敗血症を引き起こしている。少しでも病院への搬送が遅れていたら、お母さんの命はどうなっていたか分からなかった」と告げられた。

それからしばらくして、学校の朝礼で『おふでさき』を拝読していたとき、掲出のお歌を目にして思わずハッとした。

当時の私は、おぢばでの恵まれた暮らしに慣れ、父の後を継いで教会長になるという気持ちが揺らいでいたように思う。母の身上を通して、いまの私の通り方を省みるようにという親神様からのメッセージを感じ、これまでの心づかいをお詫《わ》びするとともに、母の命をつないでいただいたことにお礼を申し上げた。

そして、あらためて教会長後継者として、父の後を継ぐ決意を固めた。

母は現在も、前会長夫人として教会の御用にいそしんでおり、事あるごとに「いま、こうして生かしてもらっているのは、皆さんの真実のおつとめと、おさづけの取り次ぎのおかげ」と話している。

平成二十三年、おぢばでの伏せ込みを終え、教会長就任のお許しを頂いた。「しゃんさだめん事にいかんで」とのお言葉に、温かさと、まだまだご期待くださる親心を感じる。

このお歌を拝すたびに、あのときを思い返し、ぐっと心を引き締め直している。

（立教177年9月21日号）

月日にハせかいぢうゝハみなわが子
かハいゝばいこれが一ちよ

十七号 16

いんねんの自覚を通して実感する大いなるご守護

清水良徳《しみずよしのり》
里《さと》分教会長

教会長としては七代目。信仰は曽祖父《そうそふ》から数えて四代目となる。時折お見せいただく節の中に、わが身わが家のいんねんを自覚するとともに、親神様の大いなるご守護を実感することが多々あった。

一昨年四月の教会月次祭当日のこと。長男が通う高校の教頭先生から電話が入った。「えらいことや。息子さん、トラックにはねられて意識不明や」との知らせ。保護者の付き添いが必要とのことで、理由はどうあれ、月次祭を途中でご無礼することを親神様・教祖にお詫《わ》び申し上げ、あとを部内の会長に任せて病院へ急いだ。

長男は集中治療室にいた。医師の説明では、自転車ごと二トントラックにはねられ、五メートルほど飛ばされて頭から落下。意識不明で命も危ぶまれていた。おさづけを取り次ぎ、一晩中付き添った。

次の日、妻に看病を任せて、大教会の月次祭を勤めさせていただいた。祭典後、妻に連絡すると「意識が戻った」と。検査では、脳挫傷《ざしょう》からの出血による脳内血腫《けっしゅ》が見当たらず、医師も「こんなことってあるんですね」と驚いていたという。その後、長男は奇跡的な回復を遂げた。記憶障害が少し残ったものの、「いずれ心配は要らなくなる」とのことだった。

家系をたどれば、男子を一人だけ残して、あとは出直すか家を離れるかのどちらかである。長男の事故も、わが家のいんねんの現れと思わずにはおれない。代を重ねて信仰する中で、大難を小難に済ませていただいたことに感謝する日々である。そして、あの日、月次祭に参拝された方々の真実の祈りに、信仰のありがたさを思う。

父は「いんねんは切ってもらおうと思うな。しっかりと果たさせていただくように」と口癖のように言っていた。わが身わが家のいんねんを悟り、陽気ぐらしの元のいんねんに一日も早く立ち返らせていただけるよう、ご守護に対する感謝とお礼を胸に日々を通らせていただきたい。

（立教175年6月17日号）

たすけでもあしきなをするまてやない
めづらしたすけをもているから

十七号　52

身上を通して知る
をやの懐の深さ

森田得治《もりたとくはる》
伊勢南川分教会長《いせみなみかわ》

三年前の八月二十七日、経験したことのない激しい頭痛と嘔吐《おうと》で意識を失った。

目を覚ましたのは翌日の昼。病院の集中治療室のベッドの上で、数本のチューブと医療機器で命をつなぎ留めていただいていた。遠くに住む親戚《しんせき》、教会役員の顔を見て、出直す可能性があったことを悟った。

病名は「脳動脈瘤《りゅう》破裂による、くも膜下出血」。十一時間半に及ぶ大手術だったという。「命は取り留めても意識が戻る確証はない。戻っても障害が残るだろう」と医師に告げられるなか、夜を徹してのお願いづとめが勤められたおかげで、奇跡的にたすけていただいたことを知った。

その後、驚異的としか表現しようのないご守護を頂戴《ちょうだい》し、障害も一切残らずに三週間で退院。翌月の本部月次祭には、お礼参拝をすることができた。

ご守護を頂けたのは多くの方々の誠真実のおかげであることは申すまでもない。そのことに感謝する一方で、身上を頂いた背景に、私自身のわが身勝手な心づかいがあったことを反省した。

人さまにかしもの・かりものの理の尊さを説いておきながら、自分の心には少しも治まっていなかった。そんな私に、いま一度命をお与えくださり、教理を味わう喜びをお教えくださる親心を、もったいなく思った。そして、そうまでしておたすけくださる親神様の懐の深さを知った。

身上は、神様の用向きを与えていただいているからこそ、お借りできるもの。また、神様の望まれるおたすけとは、病だすけや事情だすけにとどまらず、運命を変え、結構ずくめになるという「めづらしたすけ」にあると、いましみじみ思う。親神様の遠大な思召《おぼしめし》とお導きに生かされていることに感謝せずにはおれない。

（立教175年7月22日号）

いまゝでのよふなる事ハゆハんでな
これからさきハさとりばかりや

十七号 71

苦難のなか教会守った母の姿を思い起こして

塩野理二《しおのりじ》
本芝野《ほんしばの》分教会前会長

二年前の東日本大震災では、東京も激しく揺れた。あの日、自教会の神殿の屋根瓦（尾根の部分）はすべて落ち、隣の家にまで飛び散った。幸い、人への被害はなかった。

その後、屋根瓦の修繕に取りかかるなか、初代会長の母の姿が思い浮かんだ。

昭和二十年、戦争末期。度重なる空襲で、東京は焼け野原となった。設立間もない私どもの教会も被災した。神殿建物のお社《やしろ》がある場所の、ちょうど真上の辺りに焼夷弾《しょういだん》が直撃。屋根こそ突き破らなかったが、すべての瓦が吹き飛んだ。

そのとき母は、私たち子供に「あんたたち危ないから早く逃げなさい。近くの中洲へすぐに」と言った。

「お母さんは、どうするのですか」と尋ねると、「私は神様をお守りしなければならないから、ここを離れられない」と。私たちは母の言葉に従って、川のほうへと避難した。

一夜明けて戻ると、神殿は焼けずに残り、母も無事だった。

後で分かったことだが、普通は縦に落ちる焼夷弾が、横向きになって屋根に載っていたという。

あのときの母の「命懸けても――」という意気は、いまなお、私の信仰心の支えとなっている。

教会をお守りする者の一人として、日々勇んで御用につとめ、おたすけの渦を巻き起こしたい。


（立教176年3月24日号）

これをはな一れつ心しやんたのむで

十七号 75

〝人が集まる教会〟めざし
思案重ね道を楽しむ

上次田《じょうじた》功次《こうじ》
金陽《きんよう》分教会長

公務員を定年で辞めた私は、六十歳で道専務となった。

周囲の教会長は、会長歴二十年、三十年のベテランぞろい。同じ歩調で歩いていては申し訳ない。同じ一年を歩むにしても、中身が濃いものでなければならないと思った。

平成十三年、教会長に就任して間もなく、修養科の一期講師のご命を頂いた。その際『おふでさき』を精読していて、「しやん」というお言葉が心に引っ掛かった。

特に、掲出の一首が強く胸を打った。「いまの私は、思案もせずに安閑《あんかん》とお道を歩んでいるのではないか」と反省した。

考えてみれば、お道には他宗教のように戒律がなく、悟りを開くような厳しい修行もない。それどころか、原典が平仮名で記されているので、そこにそのまま答えがあるように思ってしまうところがある。

お道では、何もしなくても誰《だれ》からも咎《とが》められない。だからこそ、よほど思案を重ねて歩まなければと、自分を奮い立たせた。

そこで、まずは教会の運営方針を、あらためて見直した。教会報『きんよう』を毎月発行し、「こどもおぢばがえり」に向け、明確な目標を立てて実践することにした。

あれから十年。教会報は曲がりなりにも、今年九月で一六二号を数えた。「こどもおぢばがえり」には毎年、百五十人以上の参加者を得ている。

このほか、教会おとまり会や「陽気ぐらし講座」を開くなど、人が集まる教会を目指して家族で思案し、知恵を出し合っている。

いま七十五歳。〝生涯現役〟という意気込みで「だめの教え」であるお道を楽しんでいる。


（立教174年10月2日号）

にち〳〵に心つくしたものだねを
神がたしかにうけとりている

号外

罪を犯した少年の心に
真実の種が芽吹く日を

柏木《かしわぎ》茂《しげる》
千葛《ちかつ》分教会長

少年院の教誨師《きょうかいし》を務めて十四年になる。

在院の少年との個人面接では、お道の話を取り次ぐとともに、彼らの話に耳を傾ける。彼らの大半は家庭環境に何かしら問題を抱えており、家庭の大切さを痛感させられる。確かに、犯した罪は決して許されるものではないが、一方で、彼らもある意味において被害者なのだと思わずにはおれない。

ある少年の話だ。彼は全体講話での私の話に興味を持ち、個人面接を希望した。幼くして両親が離婚。母親と一緒に暮らすも、毎日責め立てられるあまり、自分の存在を否定されたように思い、その反動から罪を重ねた。そんな彼だが、私が講話の中で話した、食べ物に感謝することの大切さに感銘を受け、実践してくれていた。

また「かしもの・かりもの」の教理に強く心を引かれたようで、のちに「教官から『幸せ』について尋ねられたときに『生かされていること』と答えたら、ほかの院生に笑われた」とも語ってくれた。

あるときは「元の理」について質問し、私を驚かせた。聞けば、辞書で調べたという。私は面会時間のことも忘れて、夢中になって「元の理」についいて説明し、再会を誓って彼と固い握手を交わした。その後、出院が決まったと聞いて『天理教教典』を贈呈した。

しかし、現実は厳しい。社会復帰を果たすには、家族や周囲の人々の十分な理解と支援がなければ難しく、再び罪を犯すケースも少なくない。彼も同じ轍《てつ》を踏んでしまった。

その話にショックを受けたが、お道の教えにふれた彼の心に蒔《ま》かれた真実の種は、いつか必ず芽吹くものと信じたい。そして、彼のような境遇の子供たちを生み出さないためにも、常日ごろから家族の大切さを伝えていきたい。

（立教175年8月12日号）

しんぢつに神のうけとるものだねわ
いつになりてもくさるめわなし

号外

真夏の〝子供の祭典〟はお道の教え伝える機会

青木《あおき》 功《いさお》
名知《めいち》分教会長

今年も「こどもおぢばがえり」に大型バスで、地域の子供とスタッフ合わせて六十人で帰らせていただく。この夏の団参は、昭和二十九年の第一回「おぢばがえりこどもひのきしん」から続いている。

当時、幼かった私も、いまでは孫世代の子供たちを引率する立場になった。かつての参加者たちも、自分の子供や孫を送り出してくれている。町内の小学校も、行事が日程と重ならないよう配慮してくださっている。いつの間にか、そうした信頼関係が築かれていた。

毎年七月に入ると、二十一日間と仕切って夕づとめ後にお願いづとめを勤め、無事を祈る。またスタッフには「今年の心がけは必ず来年につながる」と言葉を添え、真心を込めて世話取りに当たらせていただくよう伝える。

この時期は、地域での〝働き場所〟をお与えいただいていることを実感する。普段から「天理教の青木さん」「こどもおぢばがえりの青木さん」と親しく声をかけてくださる地域の方々。困ったときには頼ってきてくださる。

「こどもおぢばがえり」は、単なる夏のイベントではない。子供たちだけでなく、送り出す保護者の方々、地域の人たちにもお道の教えを知ってもらう絶好の機会である。

夏の十日間、それぞれの持ち場・立場で真心を込めて子供たちに接したい。いつか真実の種が芽吹く旬が来ると確信している。

（立教175年7月29日号）

あとがき

立教一七〇年（二〇〇七年）に『天理時報』紙上で連載が始まった「座右のおふでさき」は、昨年末で三百八十七回を数えました。

二年前、それまでに掲載されたお歌のなかから百編を選んで『座右のおふでさき――百首百話』と題して出版いたしました。本書はその続編であり、主に一七五年以降のものから選んでいます。

教祖百三十年祭に向かう旬に書かれたため、それぞれのお歌にまつわるエピソードとともに、年祭への決意や意気込みなどが多くつづられています。年祭活動の〝仕上げの年〟に本書を刊行することで、読者のさらなる勇みの種になればと願う次第です。

三百八十七人の「座右のおふでさき」である百七十五首のなかから、特に多くの方々が挙げられた十首を以下に記し、あとがきとさせていただきます。

せんしよのいんねんよせてしうごふする
これハまつだいしかとをさまる
一号 74

いまのみちいかなみちでもなけくなよ
さきのほんみちたのしゆでいよ
三号 37

たん〳〵となに事にてもこのよふわ
神のからだやしやんしてみよ
三号 40・135

わかるよふむねのうちよりしやんせよ
人たすけたらわがみたすかる
三号 47

しやんして心さためてついてこい
すゑハたのもしみちがあるぞや
五号 24

にち〳〵にすむしわかりしむねのうち
せゑぢんしたいみへてくるぞや
六号 15

つとめさいちがハんよふになあたなら
天のあたゑもちがう事なし　十号 34

なさけないとのよにしやんしたとても
人をたすける心ないので　十二号 90

せかいぢういちれつわみなきよたいや
たにんとゆうわさらにないぞや　十三号 43

にち〱にをやのしやんとゆうものわ
たすけるもよふばかりをもてる　十四号 35

立教一七八年一月

編者

続《ぞく》 座右《ざゆう》のおふでさき——百首百話《ひゃくしゅひゃくわ》

立教178年（2015年）2月1日　初版第1刷発行

編　者　天理教道友社

発行所　天理教道友社
〒632-8686　奈良県天理市三島町271
電話　0743（62）5388
振替　00900-7-10367

TENRIKYO DOYUSHA

印刷所　株式会社天理時報社
〒632-0083　奈良県天理市稲葉町80

ISBN978-4-8073-0588-9
定価はカバーに表示